慶元縣志輯

第五册

【道光】壬辰慶元縣志 一

《慶元縣志輯》編委會 編纂

浙江工商大學出版社
ZHEJIANG GONGSHANG UNIVERSITY PRESS
·杭州·

第五册　分目録

【道光】壬辰慶元縣志　十二卷 首一卷

［清］吴綸彰 修　周大成等 纂　清刻本

吴綸彰，字纘經，廣東肇慶開平樓崗人，廪貢生，道光十年（一八三〇）至十六年任慶元縣知縣。據道光、民國《開平縣志》，道光中吴綸彰以廪貢授合浦、昌化二縣教諭、廣州府教授，以軍功升雲南永平知縣兼署保山知縣、浙江慶元知縣，復升雲南雲龍州知州。其餘事迹及生卒年月待考。

周大成，慶元後田人，嘉慶二十三年歲貢生，生卒年不詳。其人持躬端謹，博學能文，多所造就。道光十二年（一八三二）邑令吴綸彰研修志乘，『校正半出其手』。子維謨、維烈，俱明經。

是志述事上起宋天聖二年（一〇二四），下止清道光十二年（一八三二），吴綸彰在《【嘉慶】慶元縣志》基礎上『分類編補』，重修而成。卷首爲吴綸彰《重修縣志總序》、沈鏡源《慶元縣志序》及纂修例言、輿圖、目録、纂修銜名，正文十二卷依次爲封域、建置、賦役、學校、禋祀、武備、風土、官師、選舉、人物、雜事、藝文，全書二十餘萬字。

是志修於道光十二年（一八三二），距嘉慶關學優修志已越三十餘年，適奉部文檄徵邑志，知縣吴綸彰更覺責無可辭，乃召邑諸生與之謀，衆議僉同，甘願分任采輯。是歲秋，尋捐廉倡修，延請學正文醇者分類編補，兼舉公正廉明者經理其事，復偕沈廣文蓼庵悉心綜核，五閲月，草創而成。

是志相較於關學優之《【嘉慶】慶元縣志》，一是詳查補載，正如沈鏡源在《纂修例言》中所言：關志『越今已久，字迹漫漶，且前後三十二年，其中山川風土未嘗或殊，而人才輩出，義行迭興』。但在封域、建置、學校、禋祀、雜事、藝文等方面，關志記載詳細得當，仍從關志，唯對新增者加以詳查補載。二是維風俗，厚表彰。文學孝友篤行等除舊志有傳外，凡一事可采録者，俱核實而表彰之；前志編載外，有續奉題旌及地方官給額憲司褒揚，詳登查補載，或有年例已符、無力請旌者，經地方公舉、族鄰具結、查訪得實，一概補登，以維風俗，其參酌去留，較前尤爲精當。爲更全面展現歷代縣志的編撰情况，卷之十二最後匯輯了康熙以來各部縣志的序和跋，共計十一篇。

是志考訂精詳，訂正舊志疏舛者甚多。如關志凡户口、田地、山塘，額賦雜徵悉遵《賦役全書》，但嘉慶二十五年（一八二〇）因田地坍没，孫邑令詳請豁免虛糧，其額徵起運項下奉文減除，此刻校正訛誤。

是志國家圖書館有藏，今據慶元姚德澤先生提供清刻本電子版影印出版。半頁九行，行十九字，上下單邊，左右雙邊，卷端題『知慶元縣事吴綸彰重修』字樣。（李巖）

道光十二年重修

慶元縣志

道光壬辰
孟冬重修

重修縣志總序

竊維邑之有乘猶國之有史國史所以示褒貶明彰癉炳大道於日星邑乘所以辨

淵懸貽勸懲維名教
於古今洪纖雖別體
例皆同我
國家重熙累洽大化涵
濡稽古右文崇儒重

道固已集四庫之大
成合三通而美備矣
慶元雖僻處山陬而
志乘亦上貢　天府
溯自嘉慶六年春三

月關前令編輯至今不惟原版漫漶糢糊難於披覽且三十年来方隅之沿革風俗之澆淳人物之孝行

節烈有關乎風化裨於政治者恐日久就湮無以徵信庚寅春予来治慶下車後百務蝟集尤拳拳於邑

志之未及修也壬辰適奉部文檄徵邑志更覺責無可辭乃召邑諸生與之謀衆議僉同皆願分任採輯

是歲秋予捐廉倡修
延請學正文醇者分
類編補魚擧公正廉
明者經理其事復偕
沈廣文蔡庵悉心綜

數五閱月而草創始定爰付剞劂上以供
朝廷之採擇下以酬黎庶之觀摩亦以俾後之隨時增輯者未必

無小補云是為序

旹

道光十二年十月朔

知慶元縣事嶺南

吳綸彰識

慶元縣志序

自漢班氏作志後世紀述因之越至宋代有元豐九域志元和郡國志等書日愈彰備我

聖朝命郡邑各設志乘守斯土者非僅以考疆域之廣狹山川之形勝與夫鴻文巨筆垂于簡策者足以供謳吟也蓋如覽形勝以備守禦之要害稽戶口以考政治之得失且忠孝節義時不乏人後將於是觀感焉而物產地宜又因時酌為變通則邑志所關甚鉅慶邑舊志久未修輯版多漫漶　吳邑侯恐其日漸湮文獻將莫可

考正適奉　大部檄徵邑志備史館采輯爰擇邦人士之明通練達者爲之分類采輯互相探討隨時送藁覆加綜覈閱五月而草創畧定不以余譾陋致書往復虛懷商榷以蕲完善成書使信今傳後得以備與日輶軒之采擇焉余思文之有關於紀載者秉筆最難昔陳壽作三國志因其父見髠武侯傳遂多曲筆魏收作宋史因索米不與不爲盧毓盧詢作傳識者譏之今惟是就同人之編纂者考其文義繩以體例繁冗者汰之簡畧者增之裁酌歸于至當復加之脩餙潤色以贊其成亦

惟是芻蕘一得之獻云爾迄今剞劂將竣樂觀厥成爰

爲之序時在

道光拾貳年歲次壬辰小春月

例封文林郎候選知縣現任慶元學教諭吳興沈鏡源謹序

纂修例言

縣志昉於有明萬歷之初嗣後修輯者不乏人而其

書不少概見至

國朝康熙壬子邑令程君來蒞茲土因前志闕略起而

修之嘉慶辛酉邑令關君復纂輯之越今已久字跡

漫漶且前後三十二年其中山川風土未嘗或殊而

人才輩出義行迭興與夫貞節之操齊風踵武文學

之製領異標新又有足超前而軼後者不可殫述此

時不亟加修輯恐典型淪沒文獻無徵攷訂爲難茲

刻不辭心力遍訪閭閻摭實事跡矢公矢慎考載詳明庶幾足以信今而傳後謹序其次如左

一封域星紀前志載明凡有增補悉從郡志無容立異至山川脉絡在地成形今昔不無稍易茲特分歷周查以辨支節逐一分明詳開方所不失廬山面目其古蹟存留亦悉詳查補載之

一建置因時變易難以枚舉前志詳加釐正近年來城池秩統以及衙署市井鋪舍鄉都制無更改名悉沿舊一切倉廒嘉慶四年奏册開載悉無變置祇社義

倉新爲創建以備旱潦賑卹之用實足增光前乘兹物詳表規條以垂永遠至坊表亭閣署有修建亦詳載之附存其舊

賦役民生國計所關甚鉅自康熙初年清戸口減里役久載

皇仁至近年行順莊革里役悉屬便民良法闕志凡戸口田地山塘額賦雜徵悉遵賦役全書開載本無庸妄爲增損但嘉慶二十五年因田地坍没孫邑令詳請豁免虛粮其額徵起運項下奉文減除兹刻悉照檔

案開載校正無訛
一學校爲興賢育才之地所關甚重程志併入禮祀門
未免失之簡畧闕志分立以昭鄭重茲仍從闕志惟
嘉慶六年頒行
御製及近年先儒入祀謹補登載再善士捐助育英儲英
二莊田畝特附刊學田之後以志不朽
一禮祀志壇壝廟制有關祈禱福應近無改置一概依
照闕志登載未敢率畧
一古志不載武秩未免失之偏重今遵闕志仍列武備

凡營汛兵防有關統紀者悉依郡志增入
一風土志習尚物産今昔無殊悉照前志不敢贅辭
一官師志知縣教諭訓導典史依任補載其縣丞主簿
雖已裁汰仍留備考近有治行循良公舉詳載亦足
繼美前書
一選舉志近年登賢書成進士者寥寥罕見然經明行
修者卓然有人至援例納粟同受恩榮鄉者介賓亦
叨選舉程志删削不録頗嫌近刻茲照關志蒐羅備
載以重典禮亦嘉予爲善之意也

一人物志理學忠節近代罕有名卿清正惟姚佃芝先生一人治行可紀其文學孝友篤行尙義暨善良各門風俗人心較前加厚前志分欵彙敘體制已脩茲除舊志有傳外凡一事可採錄者俱核實而表彰之惟現存者不立傳以其勳秩未艾也

一閨操除前志編載外有續奉
題旌及地方官給額憲司褒揚詳查補載或有年例已符無力請旌者經地方公舉族鄰具結察訪得實一概補登以維風俗其參酌去留較前尤爲精當

一雜事志仙釋舊志載明無庸增紀惟祥異乃天人相應之機大爲國徵小爲家兆時所或有茲刻仍照闕志悉心訪入以脩採覽而徵休咎至無疆堂關乎行禮讀法育嬰堂係乎慈幼恤孤典制詳脩實補從前之缺曲垂後世之規茲本逐一分類補紀未敢從畧

一程志列寺觀於禋祀而以釋道入人物尙欠斟酌闕志併爲一編列於雜事以示區別體裁極合茲仍從闕志

一藝文志程志列於山川形勝之下闕志別爲一册深

合史列傳之體今仍從閩志惟是遺文近製彙呈賢候綜覈復相參酌棄取決擇一歸正宗删齊梁之艷體追魏晉之醇風前人云别裁僞體歸諸風雅斯誠有然多士楷模爲前志所未逮

一網羅散失表彰舊聞王裁秉筆者任之采輯者之功亦與有力焉兹本逐加參酌用昭慎重但歷年已久罣漏知所不免參祛補輯不能無望於來者

沈鏡源再記

慶元縣丑分牛宿圖

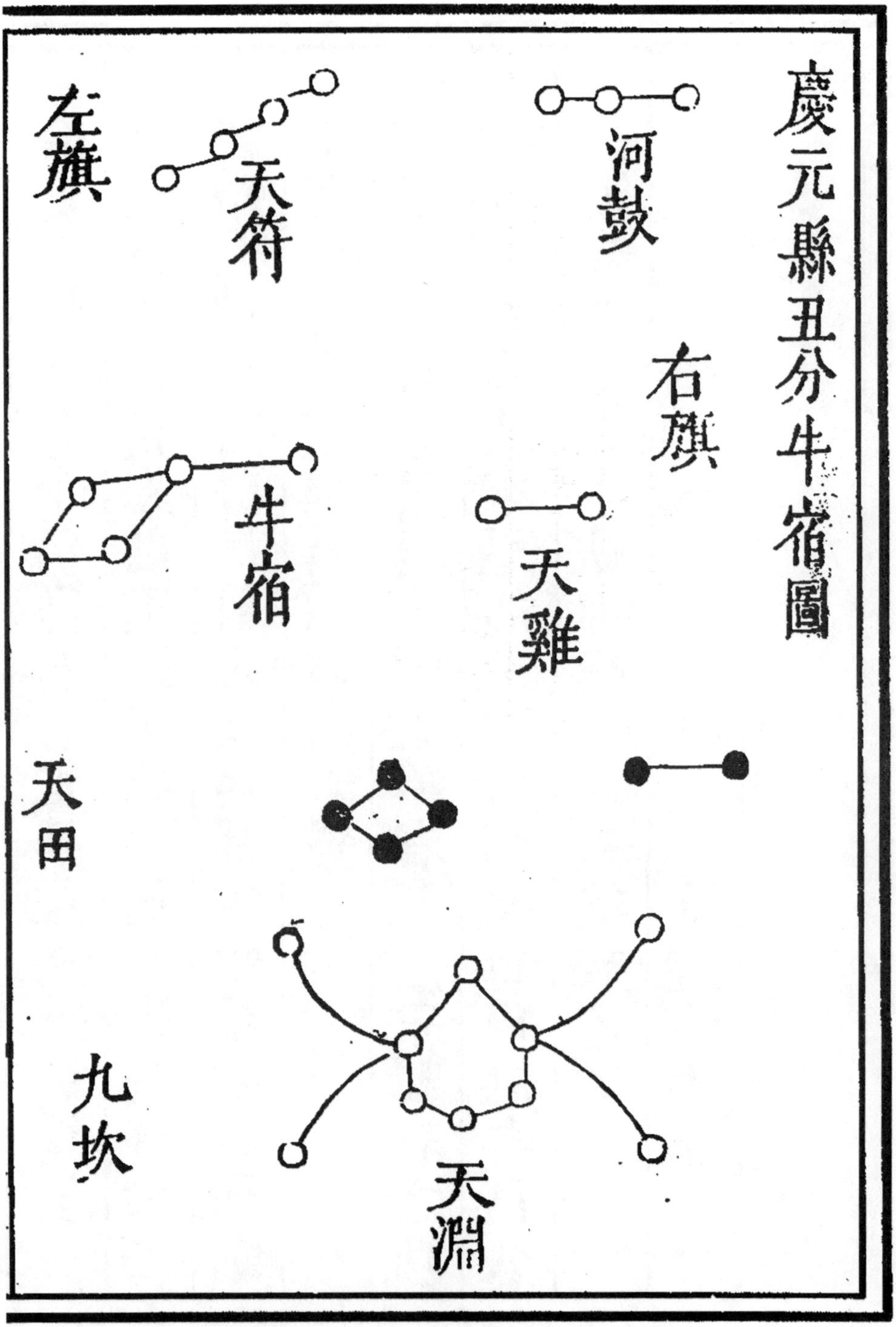

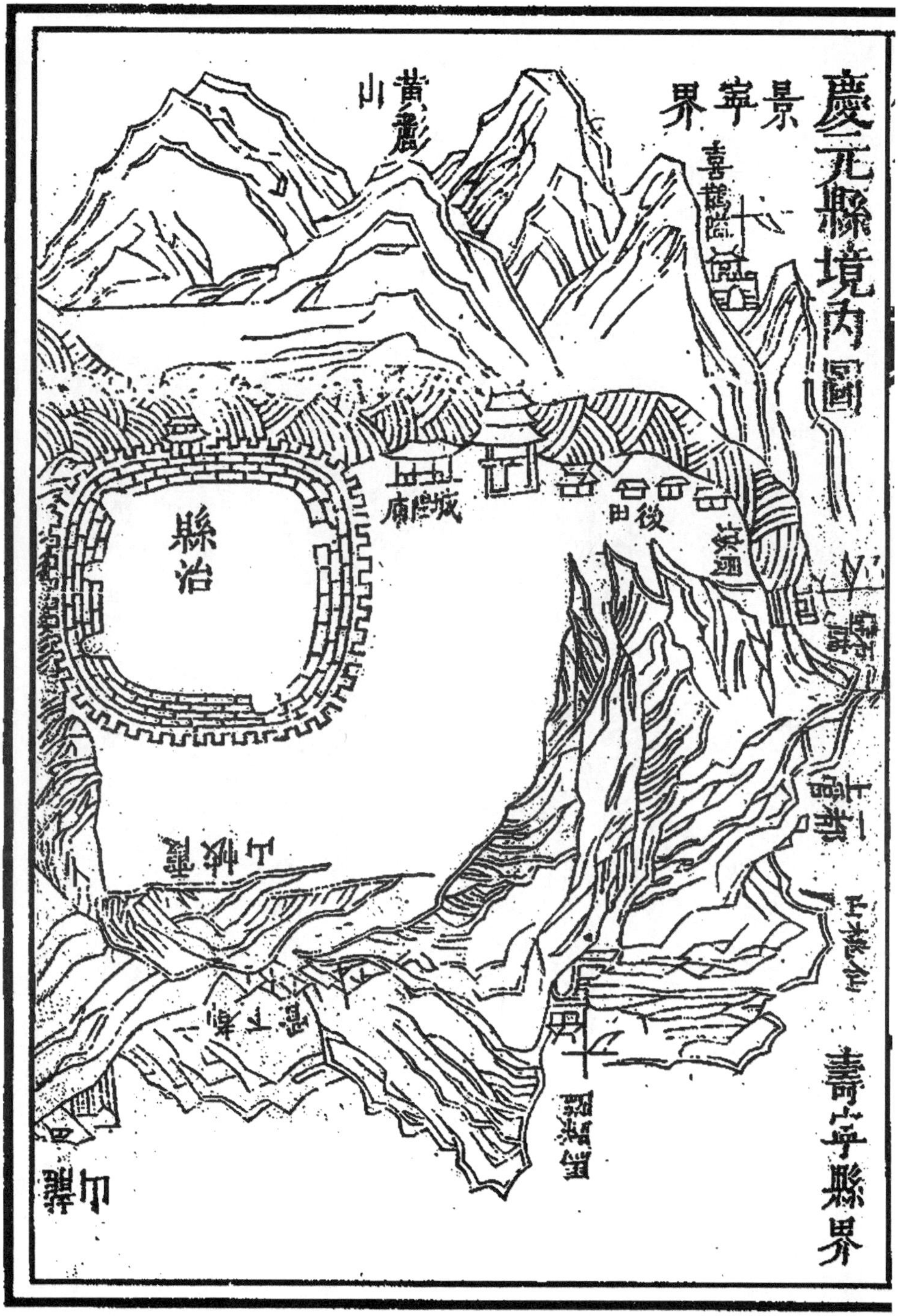
慶元縣境內圖
景寧界
黃彪山
縣治
城隍廟
壽寧縣界

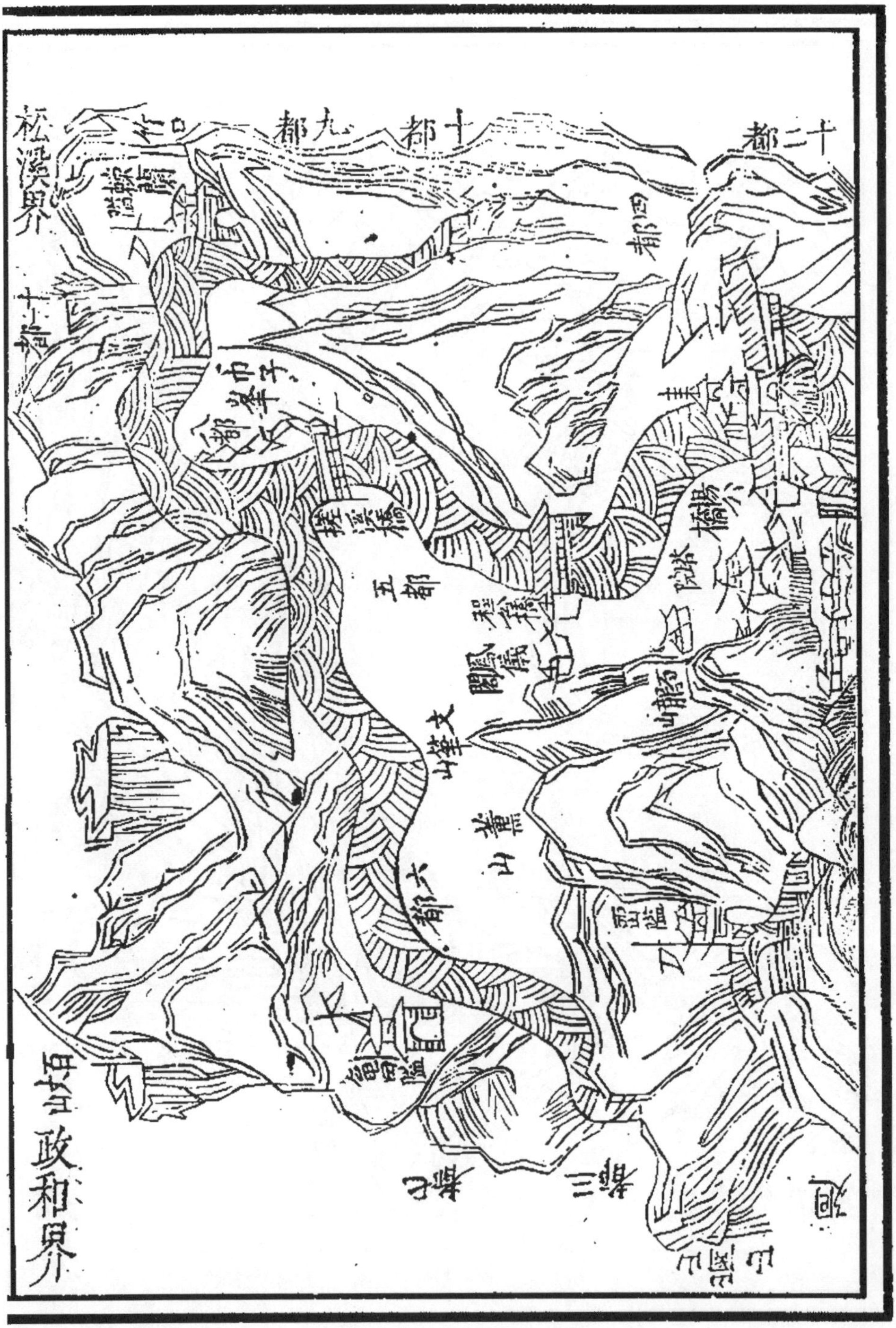
松溪界
九都
十都
十二都
五都
六都
政和界

慶元縣治圖

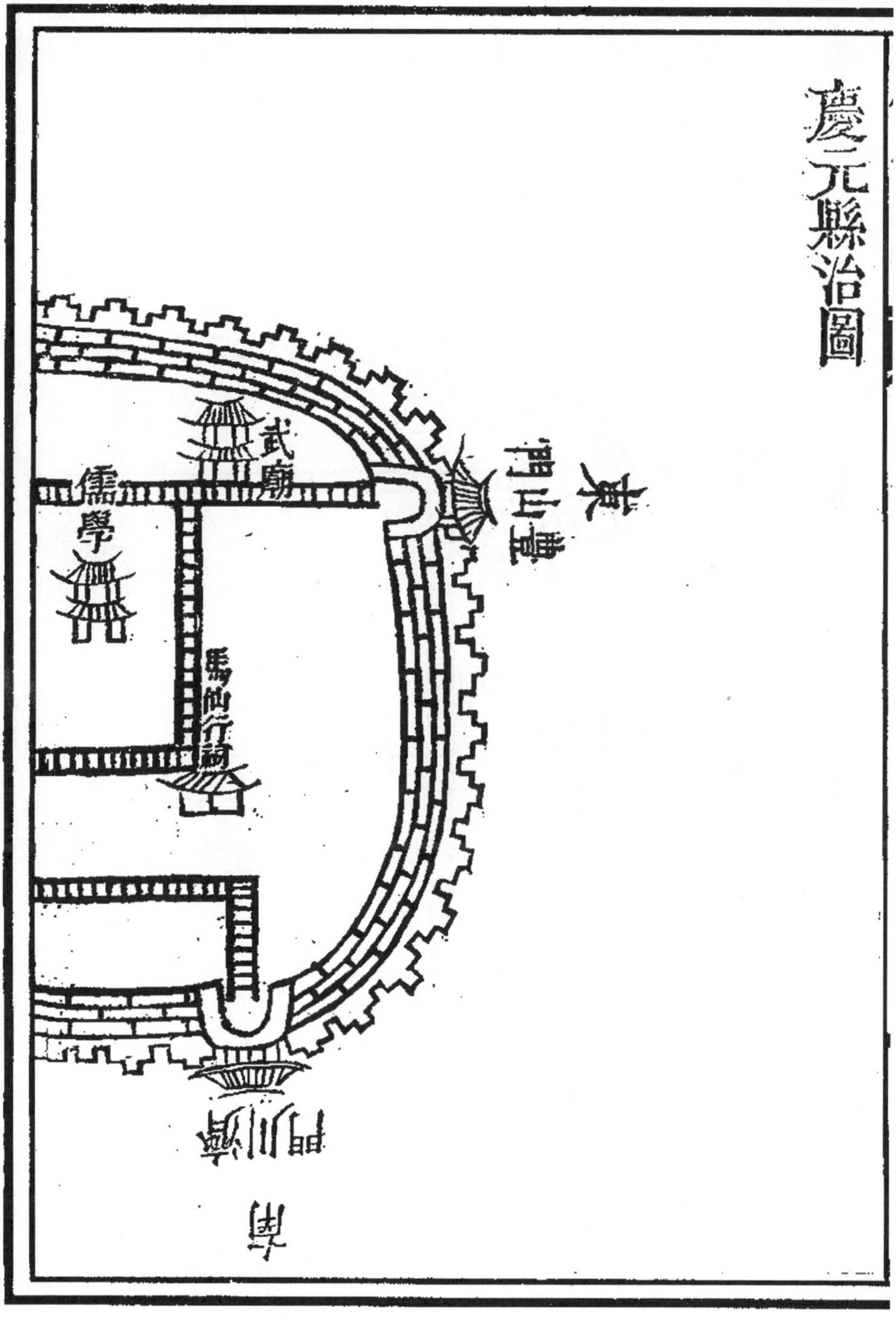

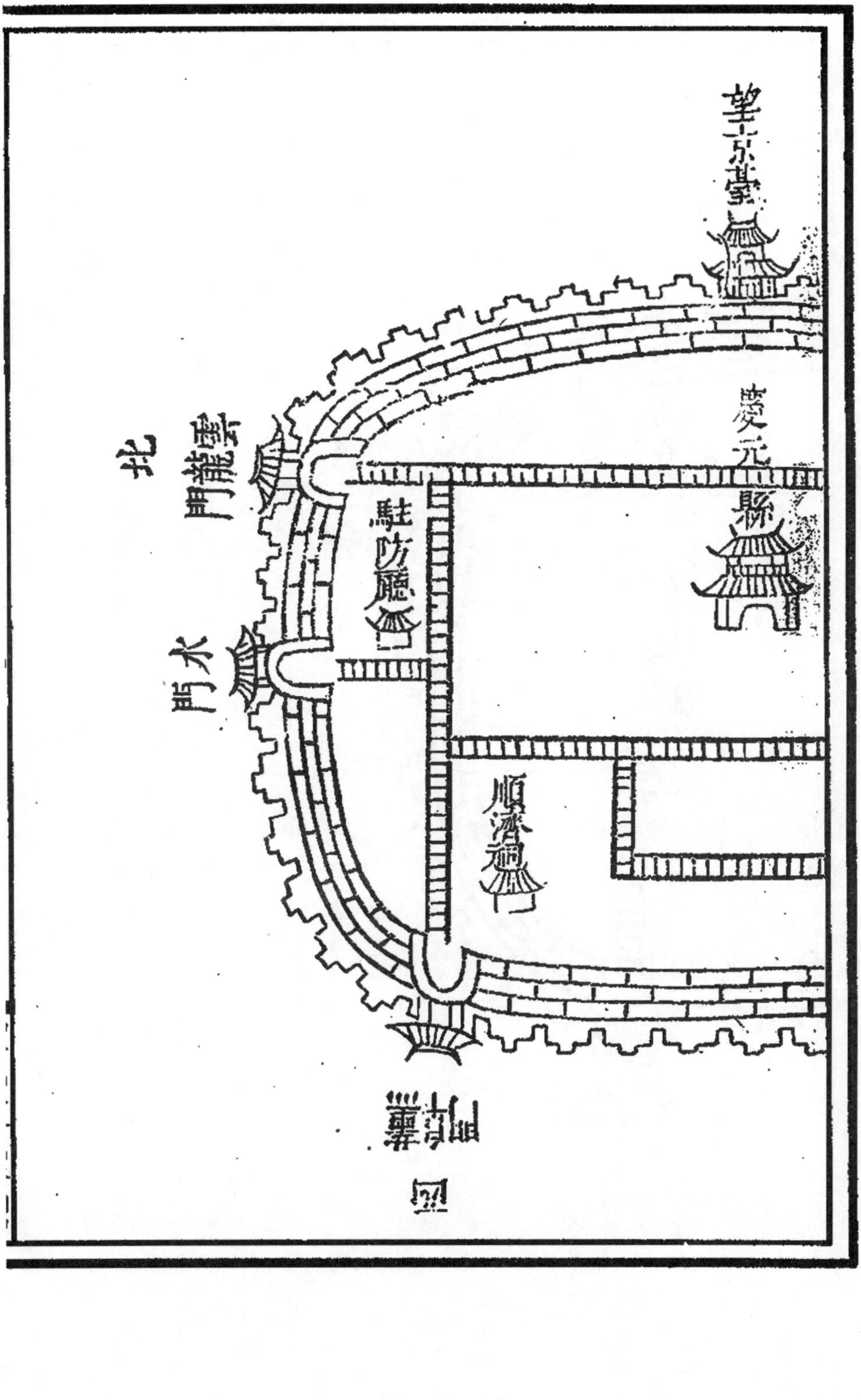
望京臺
慶元縣
駐防廳
順濟祠
北
雲龍門
水門

慶元縣志目錄

卷之十二

藝文志

記　序　傳　賦　碑

奏文　箴　詩　前志序錄附

右一十二門子目九十八類凡一十二卷合序文縣

圖纂修銜名凡例目錄共計五百二十五頁析爲

仁義禮智信五冊

仁冊　序文至建置門八十六頁

義冊　賦役門至官師門一百十三頁

慶元縣志纂修銜名

主修

慶元縣知縣吳綸彰

同修

慶元縣學教諭沈鏡源

慶元縣學訓導

校修

戊寅歲貢生周大成

甲申恩貢生余銑

生員　吳登雲

生員　吳升階

繕修

廪膳生員　姚樹檀

廪膳生員　吳大新

生員　王勳

增廣生員　葉榮葵

生員　吳信

捐修

恩　蔭　職　員　吳履祥
廩　膳　生　員　陳　南
廩　膳　生　員　葉郁文
生　員　吳　華
生　員　吳俊彪
生　員　吳一麟
監　生　吳廷鈞
監　生　吳體人
監　生　吳恒謙

慶元縣志卷之一

知慶元縣事吳綸彰重修

封域志

分野　沿革　彊域　形勝　山川

古蹟

洪荒之世畫地無文虞書云肇十有二州封十有二山至禹貢而復合爲九始詳山澤辨土色定貢賦周禮度地居民職方掌之此輿地之説所自昉歟慶于古爲百粤地屬揚州析而分之不過千分中之一隅耳然星辰次舍著於天文岳峙川流形於地軸其間

封彊有定界險阻有定形與夫歷代有沿革皆不可
以不審也志封域
分野
周禮保章氏以星土辨九州之地所封之國各
有分星太史氏因之以察時變考災祥是因天
聚地古有然矣故誌地理者以封域爲斷辨封
域者以分星爲準蓋封域之割屬靡定而星辰
之次舍有定也合而考之其論始備
宿曰斗前漢地理志吳地斗分郎今之會稽郡一統志浙之處州入斗度

於辰在丑隋書地里志於辰在丑吳越之分

次星紀按天文斗次星紀禮書星紀越也

候在熒惑占於烏衡史記天官書吳越之疆候在熒惑占於烏衡熒惑烏衡皆南方星也

按慶元乃揚州境又屬七閩地考隋地理所載揚州南斗十二度至須女七度爲星紀而閩地則分屬之牛宿今慶雖隸於浙不隸於閩然而東西接壤于福省爲最近于括州爲較遠按其星野應在斗二十四度入牛初度之分

沿革

誌封域必溯沿革蓋年代之久近宜詳古今之分合亦異如府志所云或州變爲縣或縣改爲州由後溯前紛挐不一藉非有志孰從而考覈耶爰稽巔末列之斯篇

慶元本禹貢揚州域

周爲七閩地

吳越時爲東平鄉歷秦漢暨唐因之

五代時王審知據閩改名松源鎮屬處州龍泉

宋寧宗慶元三年吏部侍郎胡紘請於朝以所居松源

鄉置縣治因以紀年爲名元因之
明洪武三年革縣治爲巡簡司治棘蘭隘仍屬龍泉十
四年復置縣裁巡簡隸處州府知縣董大本編戶五
十九里英宗天順二年耗省六里止存五十三里統
計五百三十戶
國朝康熙十年併爲三十七里統計三百七十戶雍正七
年編行順莊統一百六十八莊
疆域
維王建國必以疆域限之非獨使四民安居樂

業勿輕去其鄉已也宰治者審方辨俗因程途之遠近爲政教之旬宣于是乎在處于浙爲末郡慶又于處爲遠鄙萬山環繞七閩接聯其經畫尤宜詳焉

縣在府城南四百里

東距西二百三十里

南距北一百二十五里

東南距西北二百六十里

東北距西南一百五十里

東至福建壽寧縣雙港界九十里至其縣一百九十里
南至福建政和縣徐溪界五十里至其縣九十里
西至福建松溪縣木城界四十里至其縣八十里
北至龍泉縣小梅界九十里至其縣一百八十里
東南至福建壽寧縣楊公墓界一百五十里
東北至景寧縣後溪界一百里至其縣二百里
西南至福建政和縣上安溪界四十里
西北至福建浦城縣官庄界一百一十里至其縣一百七十里

東南廣二百三十里
南北袤一百二十五里
自縣治達府四百里達省一千三百里達
京師五千四十里
形勝
慶邑崇山峻嶺所在扼塞地皆天設之險野少
夷曠之區所謂制人而不制於人者然距郡最
遠介在閩越奸宄易於嘯聚寇徒會恣出入則
葺堡樹栅先事制禦不能無望於當事者之加

意耳

羣峯揷天湍流據險

控閩上游爲栝外蔽

環邑四面皆山而山脈導冢西南自巒頭東歷梅坳東

南折爲溫陽又東南轉爲白雲山又正南折爲廻龍

洞又南轉爲冠倉又南起爲天馬是爲邑之面山南

去五十里爲白巖山福建政和縣界西去四十里爲蹝爐山

福建松溪縣界是爲邑之右臂北去七十里爲馬鞍山龍泉縣界

東去九十里爲萬里林山福建壽寧縣界是爲邑之左臂

大溪自東以北至濛洲與蓋竹水合復受交劍水經石壁而西奔駛下注會濟川支流旋繞縣後復西合竹溪水滙入龍潭達槎溪與芸洲水合循棘蘭西繞過新窪北受竹口委流胥入於閩惟梅溪之水從潭瀉出過頭陀峽直下查田達龍泉趨郡城入於海

縣治枕山爲城帶水爲池前有霞岐之奇後有象山之秀溫陽聳其左石龍蟠其右仙桃列於東南蘽錦峙於西北石壁馬蹄爲門戸棘蘭喜鵲爲噤喉橫嶺乃一方鎖鑰竹溪爲三面籓籬地雖彈丸勢如鐵甕十

邑形勝未必能果於征

山川

山川爲淑氣所鍾昔稱慶邑山川明秀名賢輩
出如劉殿元陳大宗伯吳少司徒胡中銓諸公
卓犖相望迄於今山川猶是而英哲不多覯豈
真地運有盛衰歟人以地勝亦地以人勝生斯
土者尚其勉之

雲鶴山自天馬山發脈而下斷而又斷布翅展翼由西南飛翥入城來結縣治形勢清高

龜山縣城內雲鶴山之麓爲埜塘坐山

霞帔山與縣治對相去七里晨曦光射闤闠輝映如金碧詩見藝文

天馬山縣南七里與霞帔山連詩見藝文

南山縣南十里丹崖翠巘奇秀偉麗

僊桃山縣東南十五里高出羣峯昔有仙廬其上柰花霞麗隱隱有簫管聲黄公遇仙於此詩見藝文

黄公山縣東五里即黄公寨遠視如屏邑居者多面此山

鏡山縣東北二里林木陰森賦見藝文

錦山縣北十里即巾子山其麓盤踞四五八九等都兩峯對峙佳氣浮空若彩橋然相傳有寶車仙伎往來其上遥接薰山兆應劉知新狀元及第詩見藝文

石龍山縣西北數百武蟠據若龍伏而復起登臨眺望一邑之勝在目其下爲毬山詩見藝文

文筆山縣西北三里五峯峭立尖削摩空一名五雷山又名筆架峯詩見藝文

燕山縣西十里峭削凌空壁立千仞爲邑屏障歲旱禱雨輙應詩見藝文

松源山一都下管勢若建瓴詩見藝文

廻龍山一都下管山勢盤廻狀如伏龍中搆一菴有蝶屋鶴洞瀑布試劍石詩見藝文

鐵旗山一都下管

半月山一都上管前沮深澗後擁羣峯吳氏世居其下詩見藝文

銀屏山一都上管

石壁山二都周墩石笋凌空爲邑東關阻

溫洋山二都屹立奇特爲諸山冠昔有老人居此歷年一百二十餘歲後遇仙而去詩見藝文

萬里林山二都逶迤深廣林木森翳居其麓者數十村

香爐山二都

品山二都三峯圓秀儼如品字

天梯山二都詩見藝文

頂豐山二都

山岡山三都羣岫出其下有禱輒應又名仙山

烏蜂山三都有梵公聖者廟歲旱禱雨立應進廟者身或不潔羣蜂擁至因名詩見藝文

象山四都

斑岱山四都藍岑飛瀑競秀爭流詩見藝文

曬袍山西都境西源

樟潼山四都舊學址側昔建文昌祠於其上久廢

雞嘴山四都

黃鶴山四都平坑

蓮花山五都詩見藝文

鼠山五都

屏風山六都坑里一邑水口

百丈山七都縣西北三十里與松溪毘界懸崖孤峭屹立高聳五代時馬氏二女棲真於此丹成仙去

巖壁間有鏡臺梳帶剪刀屐跡遺痕上有三聖井下有龍湫禱雨以木石投之泉立湧出風雨隨至詩記

見藝文

王謐山七都與百丈山連宋益王由此入閩愛慕之故名

鳳凰山七都飛翥比翼高入雲漢詩見藝文

掛榜山七都安溪

青峯山九都竹口山巔開一平岡結庵其上前列秀峯後擁屏山夏不知暑詩見藝文

拏雲山九都寨後坑與青峯山連山椒夾擁嶔石拔雲山下有洞詩見藝文

眞武山九都黃壇一峯雄峙列嶂環抱在二都者有三其一青竹一底壁一樺下俱峻拔秀麗

琵琶山九都崚嵸兀峙詩見藝文

白馬山十都中漈詩見藝文

臺湖山十一都山勢峻大羣峯環拱與龍泉黄南界

巒頭山十一都山峯峭立爲浙閩諸山之源

峯

巾子峯在錦山上兩峯對峙高不可攀

棘蘭峯縣北二十五里峯巒蝟集前設巡簡司今廢止建隘詩見藝文

玉峯二都孤峭碧立望如瑶簪

鐵尖峯二都一峯矗立尖削摩空

大岩峯十一都下有風洞過此身或不潔飈風立至歲旱禱雨輒應

岡

黄堂岡四都聳象山之北下爲東嶽宫

南壇岡濟川門外

巖

疊石巖二都蛤𡼖兩石相疊遠視若懸崖一石高十餘丈上圓大下直小中如葫蘆頸

大獅巖二都大洪蹲踞如獅勢欲搏人

石屋巖二都黄皮有三穴彼此相通可容數十人

筆架巖二都黄皮天梯山上

馬蹄巖三都派石坑

歇雨巖五都延袤數丈上突下削

將軍巖七都張地一百卓立其高數丈

白鶴巖九都青峯山上相傳五代時有一童子遊此跨鶴而去

洞

石洪洞鏡山下

道人洞一都上管

仙巖洞二都青草中有泉自洞頂潺滴而下不涸不溢歲旱禱雨輙應

白雲洞三都陳村巉石嵌空常有白雲覆其上詩見藝文

坳

榅坳二都縣東五十里坳脊有溪昔多榅樹故名

梅坳二都縣東北五十里

栗洋坳二都縣東北七十里通雲和

榅樹坳三都縣東南二十五里

關門坳十二都縣北九十里通龍泉

嶺

石記岱嶺縣東三十里

洛嶺縣東七十里峯巒倚天

虬盤嶺縣東七十里上管

橫嶺縣東八十里通壽寧界 以上俱一都

應嶺縣東十里上橫亘雲際狀如列戟嘉慶七年張仁伯吳日才吳文喜等仝修

蓋竹嶺縣東十里其上爲喜鵲隘

石梯嶺縣東二十五里丹崖飛瀑詩見藝文

梧桐嶺縣東三十里通景寧界

椿杵嶺縣東三十里

大保嶺縣東三十里

喬陌嶺縣東三十里

林草坑嶺縣東三十五里

青草嶺縣東五十里

打磚嶺縣東五十里

百花嶺縣東六十里

魚塘岱嶺縣東八十里

梅樹嶺縣東八十里

半天嶺縣東九十里層巒壁立一線凌空詩見藝文

將軍嶺縣東一百里詩見藝文　以上俱二都

赤摶嶺縣南七里

烏石嶺縣西南十里石壁峭削爲邑西障

沠石坑嶺縣南二十里

磨手嶺縣西二十里道光十年邑監生姚圓獨緣砌甃並建亭閣置茶田詩記見藝文　以上俱三都

斑岱后嶺縣東北十里在四都

角門嶺縣北四里在五都

白嶺縣北三十里在八都通松溪

揷花嶺縣西四十里

張天嶺縣西六十里以上俱七都

明箬嶺縣北三十里下爲賴蘭汛

寨後嶺縣北三十五里以上俱八都

湯源嶺縣北七十里

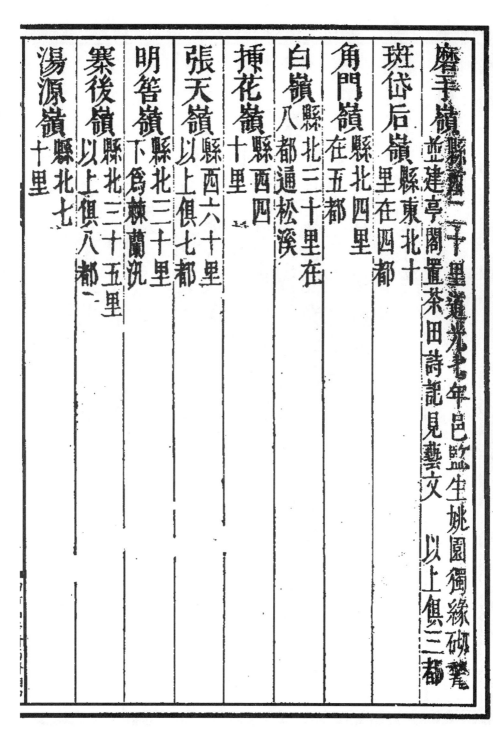

毛源嶺縣北一百里

打鼓嶺縣北一百二十里浦城縣界以上俱十一都

川溪

松源川縣南十里又名濟川源出松源山流入大溪詩見藝文

渹洲川縣北七里有石印浮於水面邑人以石浮沉卜歲豐歉屢驗詩見藝文

竹坑溪薰阜門外源出西山渹沙可鎔金又名古金溪抱城西北過雲龍門入石龍潭詩見藝文

濛洲溪縣東二十五里與蓋竹水合入交劍潭

滙龍溪縣東北六十里流入蓋竹溪

蓋竹溪縣東二十里

下灘溪縣東南十里

司後溪布政司後

坑西溪縣北五里流入淘洲

桃洲溪縣北八里流入槎溪詩見藝文

魏溪縣北七里又名張淤溪與桃洲水合

槎溪縣北二十里浪風點綠瀾灩廻清流入棘蘭溪

安溪縣西南四十里入芸洲

芸洲溪縣北二十里與槎溪合

棘蘭溪縣北三十里詩見藝文

梓亭溪縣北四十里與新窖溪合
柏渡溪縣北六十里與竹口溪合
下漈溪縣北六十里與竹口溪合
竹口溪縣北五十里入梓亭溪詳見藝文
新窖溪縣北四十里以上諸水達松溪
漈下溪縣東北五十五里與左溪合
青竹溪縣東一百里入左溪
左溪縣東八十五里與南洋水合
南洋溪縣東北一百里以上水達景寧

舉溪縣東南七十里達壽寧

桐山溪縣北九十里達龍泉

潭

營後潭城隍廟後清流瑩滉雲氣隱隱流入石龍潭

山潨潭東隅鏡潭委流有石如印日光映射金碧陸離

鏡潭東隅鏡山前今塞成灘詩見藝文

古樓潭在周墩其上爲古樓廟

周艮潭去縣東三里

石壁潭縣東入里峭壁潨廻入古樓潭

白沙潭縣東十五里

交劍潭縣東二十里兩水𤀹瀉交流於大山之麓潭右有石峭削如笋

三井龍潭縣東四十里兩岸複岫壁立有三泓最下一泓深不可測歲旱禱雨屢應其流入交劍潭

石龍潭縣北神力寺前上流水光澄瑩深不可測爲衆流所瀦潫中浮巨石狀如龜又名印星知縣楊芝瑞架橋其上建補天閣及小蓬萊立石潭右名放生池詩見藝文

楓潭去縣北里餘

溪口潭縣北五里水深澄碧流入白槐潭

白槐潭去縣北十里

龜田潭縣西二十里流入芸洲

蒲潭縣西三十里流入龜田

銅鉢潭縣西三十里形如銅鉢流入蒲潭詩見藝文

擲水潭槎溪下流相傳旁有樟樹大十餘圍有道人至此演法能呼役鬼神忽風雨晦冥其樹倒揷潭中至今不朽

把馬潭流入棘蘭溪

迴龍潭縣北六十里竹口

黃潭縣北六十里流入迴龍潭

斗潭縣北八十里流入黃潭以上俱達閩

古蹟

溯豐水者思禹績撫松栢者憶景山雅擅一時名湛千古慶邑環山重重勝由天設然桂亭翰墨傳自有元濟水題樓首推清獻俯仰千載人有同心興廢無常感慨係之矣

馬仙墓在六都百丈山距脫身巖六里世傳馬仙塟母處也數峯聳起一水繞旋宛然圖畫一統志廣輿記皆云墓有古松一株倒垂如帚隨風掃蕩塚無些塵康熙間松爲樵夫伐去復生如前伐松樵亦尋爲雷所殛

脫身巖在百丈山懸崖倚空下視無際馬仙修煉於此松溪令聞其貌美欲娶之女約曰若能一夕砌路自城達山相迎便當從令亦有神術如期路竟成二女乃飛身於隔溪石崖下令追躡之遂亦飛化今

石上女鞋跡并鞋巖跡者高寸許有鏤刻所莫能肖者

百丈十三井 百丈山巔其水清冽自山南半嶺奔雷滚雪曲折流五六里瀉入龍湫遂静恬無聲隨以次注十三井復狂奔而去雲氣蒸鬱隱隱有龍潛於其中

鏡臺襟水 在脱身巖對岸詳見山川

東溪赤巖三井 去縣東百里四圍壁立如甕流泉清冽每注一井俱作飛瀑珠噴而下最下一泓深不可測冷氣逼人莫能注覗常有龍棲其中歲旱禱雨立應

百花巖 三都花卉繁盛黄公結廬其上二十餘年坐化於此至今石上有鈴刀痕跡詩見藝文

石印三井

西洋殿後三井 明嘉靖三年禱雨於此三日不雨人以石投井行不數武雨雹如注山木盡拔

神童井相傳在神童坊下久湮没乾隆十三年居人搜
乃陳尾爍得之掘下十餘尺即得二石硯硯背有銘
乃陳尚書嘉猷所製也古質斑駁色光瑩潤
甚可愛也因此疑爲尚書舊地然不可考
黄仙宅在下管黄
坳址存
劉狀元宅五都番塊門
前衢址猶存
陳尚書宅在九都舊有
神童坊今廢
胡侍郎宅在四都坑西雙
股嶺下今廢
籍桂亭在縣治前舊有亭匾籍桂二字立石題進士名
亞在鰲池植荷花夾岸栽柰元至元十五年火
大德九年知縣
于崇重建今廢
梓亭寨在九都爲榮慶
趙簡司建今廢

鞠亭在縣治內久廢

手詔亭在縣治南今廢

放生池在神力廟前

達觀亭石龍潭龜石上嘉慶間知縣程紹顧建

松源形勝亭與達觀亭連今俱廢

平川陳父母碑雲龍門外

補天閣城北龜石上明崇正十五年知縣楊芝瑞建記見藝文

小蓬萊補天閣下今俱廢詩見藝文

砥中閣在坑壑磧中崇正十四年知縣楊芝瑞建順治八年壞詩見藝文

頒春亭在縣南久廢

日涉園在一都下管當湖陸子清獻講學於此園門有樓手書瞻岵二字

嵐岫永清石在八都明嘉靖間知縣陳澤書

慶元縣志卷之二

知慶元縣事吳綸彰重修

建置志

城池　秩統　衙署　井市附街巷
鋪舍　鄉都　倉廒　坊表
橋渡　堰陂　亭閣　賑卹

先王建邦啟宇誓之帶礪内而衙署外而市廛近而城郭遠而郊甸莫不度地居民正位辨方以時創舉典至重也下此而倉粱爲利濟所在坊表乃名節攸關或矜生恤死之有具或堰陂郵傳之可尋皆當一

一條載以資討論者也志建置

城池

易曰王公設險以守其國險之時義大矣哉慶

隸括末三面距閩宄徒易於出入雖曰衆志可

以成城而未雨綢繆猶幸先事者之能預圖耳

城高一丈八尺厚一丈四尺垛一千五百六十明嘉靖二十五年知縣陳澤始築陳桓有記見藝文四十一年署縣事通判周紳改築西城於西山之巔凡六十餘丈高一丈八尺厚一丈五尺樊獻科有記見藝文崇正十五年知縣楊芝瑞重修環增磚垛三尺

東豐山門初名壽寧門又名仁豐門

南濟川門

西薰阜門

北雲龍門

西北太平門　明嘉靖四十三年知縣張應亮從民請增開亦曰水門

東北望京臺　萬曆五年知縣沈維龍重修順治五年燬康熙十一年知縣程維伊再建今圮

城樓五　東南西北各一水門一崇正十五年知縣楊芝瑞建順治五年燬其四康熙七年知縣程維伊重建又圮乾隆五十年知縣王恒再建惟水門一樓向爲楊公祠嘉慶四年十一月燬於火十二年復建

窩鋪十二　楊芝瑞建久毁

東南敵樓各一　楊芝瑞建崇正時壽寧山寇掠慶不敢窺城邑人咸歡呼稱楊功德

西南倚山山名雲鶴

西北臨河北爲大河西爲金溪水延城而下至雲龍門合大河

東南鑿池深一丈廣二丈池水東流至北與大河水合

萬歷十六年蜃水夜發衝壞北城七十三丈知縣詹

乘龍重築

國朝康熙二十五年大水衝塌西城數十餘丈雍正八

年知縣徐羲麟重修

乾隆元年大水三十二年五月又水四十九年五月

又水西城屢修屢塌凡三壞四十九年知縣王恒

重修五十三年大水金溪水從西城衝入轉北城
衝出淹塌西北隅民舍壞西城七十餘丈北城二
十丈嘉慶二十四年知縣孫棨績倡捐築堤居民
無患
秩統
國家設官分職建之長以養民即立之師以教
民下至僚屬相聯莫不有數可紀慶自分治以
來歷代損益互有不同我
朝定鼎建官惟賢位事惟能準時地之繁簡而汰

設之有久安長治之畧焉謹叙其秩統如左

宋

令一人慶元三年分縣設

元

達魯花赤一人

主簿一人

明

廵檢司一人洪武三年汰知縣設本職

知縣一人洪武十四年休廵檢仍設本職

縣丞一人隆慶元年汰
主簿一人嘉靖七年汰
典史一人
教諭一人
訓導二人隨汰一人
國朝
知縣一人
典史一人
吏戶禮刑司吏各一人　典吏各一人

兵工司吏各一人　鋪長承發典吏各一人
庫書一人　倉書一人
教諭一人順治十七年裁汰康熙十五年復設
訓導一人
廩膳生員二十人　增廣生員二十人
歲入附學十二人　歲入武學八人
科入附學十二人皆六名康熙二十三年奉
國初入學歲科并考文武額
恩諭廣額歲科分考文學增二名爲八名二十八年復
奉
恩諭文增四名爲十二名武增二名爲八名

學吏一人

醫學訓科一人　陰陽學訓術一人

農員一人雍正二年設　僧會司會一人

道會司道會一人以上五人俱邑人補授

衙署

邑有衙署非特示尊嚴肅體統已也蓋治民不可以露處爲民父母使一身無所棲托將何以展布四體爲衆赤子謀身家慶邑衙廨舊燬於兵官皆僦居民舍入

國朝爽燦然具備規模藎宏遠矣居其位以治其民

當惟是布政敷教共期無曠可耳

縣治在城東北宋慶元三年令富嘉謀建元至正十五年燬於寇二十六年達魯花赤亦都散重建明洪武十四年知縣葦大本再建二十七年知縣李仲仁拓建宏治間知縣沈鶴重修嘉慶元年知縣魏夔龍重修道光八年知縣黄煥復修

中爲大堂舊名忠愛堂世傳其額爲子朱子手書康熙四年知縣程維伊重建大堂仍懸舊額雍正元年堂爲颶風所壞知縣李飛鯤改退思堂爲官廳乾隆七年知縣鄒儒復建大堂有記見藝文

左爲贊政廳每朔望日同僚官蒞此辦事

左後爲耳房庫貯一切帑物

右爲寅賓館凡賓客入謁者先延入坐再肅迎

右後爲茶房官有事時于此烹茗以進

堂後爲宅門以時啟閉置守役一人凡書役人等非奉傳喚不得擅自出入

宅門內爲穿堂爲後堂知縣程維伊題其額曰萬古磨青嘉慶二年知縣魏夔龍題曰清慎勤

左爲　龍亭庫右爲架閣庫

又後爲三堂爲知縣宅順治五年毀康熙四年知縣程維伊重建有記見藝文乾隆三十六年知縣唐若瀛以三堂地卑陞基重建

東爲火廳西爲藝圃

堂前爲轉蓬尊客輿馬止于此
又前爲立廊此隸差羣役立
東列吏戶禮倉四房
西列兵刑工承發四房順治五年房及大堂皆燬於兵康熙元年知縣高麟重建東西房乾隆七年知縣鄒儒重新建造
甬道立戒石亭
亭前儀門三東爲土地祠康熙五年知縣程維伊重建乾隆四十九年知縣王恒修嘉慶四年署縣張震續修
西爲禁獄舊在儀門內萬曆間知縣陳九功改建于此

前爲大門上爲譙樓明嘉靖二十五年知縣陳澤圍以磚壁萬歷二十八年民變沿燒折毁右角知縣熊懋官重修有記見藝文至乾隆三十八年知縣熊珍新建門外爲申明旌善二亭明知縣朱芾創建嘉靖二年以二亭址改建鋪舍今廢

治東爲典史宅舊爲縣丞宅明隆慶元年汰縣丞知縣朱芾遷學于縣東以典史宅充學址以縣丞宅建典史宅順治五年燬康熙六年典史喬孔衙重建乾隆四十四年典史鄒景椿重修五十六年典史董敦禮復修嘉慶二十三年典史宋清晏續修

主簿宅舊在巡捕宅前嘉靖七年汰主簿知縣陳澤改舊宅爲預備倉

儒學署在縣治東初署在文廟明倫堂左側隆慶元年遷今址

中爲大堂爲奎星樓乾隆四十八年教諭王炳訓導程玉麟率諸生建五十四年教諭錢

廷錦訓導程琛捐俸續成

外爲大門訓導程玉麟懸龍門二字額

東爲教諭宅康熙二十年教諭屠樹聲建三十六年教諭胡玠重建有記見藝文　年教諭史紹武額其門曰桃李門嘉慶三年教諭章觀嶽額其堂曰傳經處道光九年教諭沈鏡源修

西爲訓導宅乾隆四十八年訓導程玉麟重修額其堂曰親雅齋署訓導程琛額其門曰青雲梯五十九年訓導徐藻重修道光八年訓導沈錫疇修

陰陽學舊在西隅絃歌坊嘉慶二十五年知縣陳澤貿價築城改建東門內府館前久廢址存

醫學舊在西隅太平橋東嘉靖二十五年知縣陳澤以築城貿爲民居改建于陰陽學左扁曰惠民藥局久廢址存

僧會司 在集善[illegible]

道會司 舊在東隅桂香坊明知縣董大本建嘉靖二十五年知縣陳澤貿價築城久為民地今缺

府館 在豐山門內明初在西隅興賢坊嘉靖間知縣陳澤築城貿為民地遷建今址康熙八年知縣程維伊重修

分巡同知署 明嘉靖乙巳年知縣陳澤建

按察分司 舊在城北西隅石龍街末明知縣董大本奉檄鼎建址在

布政分司 舊在石龍街明知縣董大本奉檄鼎建嘉靖時築城貿為民地

稅課司 城西太平橋東明宏治二年以本縣帶辦其址貿為平地

竹溪公館 九都竹口明嘉靖間知縣陳澤以地界浙閩為上司駐節之所上請鼎建順治十三年燬

於祠康熙十年知縣程維伊重建有記見藝文

乾隆七年知縣鄒儒鼎新復建有記見藝文

小梅公館 明洪武間知縣董大本建址存

市井 附街巷

日中爲市利用易鑿井而飲利用汲二者古之制也慶邑僻在萬山舟楫不通商賈罕達鬻於市者本無奇貨之可居然交易而退有市道焉寒泉之食有井義焉他如街巷往來雖非輻輳要之生長於斯聚族於斯皆生民日用之經建置中之要務也故並詳之

縣前井 [illegible]間縣丞傅梁鑿嘉靖[illegible]康熙十年知縣程維伊捐俸重修

大街井 縣治西冬煖夏涼大旱不涸

舉溪市 在上管去縣甚遠商旅稀至今廢久

竹口市 在九都爲閩浙通衢每歲十月卜日迎神四方商旅聚貨貿易三日而退謂之賽會

大街 縣前　北門街 縣北

上街 縣右　橫城街 縣東邑人吳克禮甃磚

東門街 府館前邑人葉憲甃磚　後街 縣後邑人吳怡甃磚

上倉街 縣南邑人吳克禮甃磚　石龍街 北門外邑人周會藏葉璉甃磚

以上城內

後田街東門外邑人姚曜葉繁甃磚　竹口街九都邑人葉荷甃磚

竹坑巷縣西　埜塘巷縣南

西湖巷縣南　水門巷縣西北

濟橋巷　後碓巷俱東門外

鋪舍　鄉都

古者驛亭有置傳命通於上國而民不滋擾一鄉一鄙由近及遠又皆聲教所宏被慶雖小邑總而計之爲鄉者三爲都者十有二爲鋪舍者七度地居民因方授驛皆守土者所關心也可弗志歟

鋪

總鋪舊在縣西明洪武十四年知縣董大本改建縣東隆慶三年知縣朱芾以總鋪址建爲儒學將縣前申明旌善二亭址改造總鋪由雲龍門達龍泉者六

金村鋪五都去縣北一十里　水南鋪八都去縣北二十里

黃荆鋪八都去縣北三十里　梓亭鋪九都去縣北四十里

太澤鋪十二都去縣北五十里　楓樹鋪十三都去縣北六十里

鄉

松源鄉統一都二都

從政鄉統三都四都五都六都七都

榮慶鄉統八都九都十都十一都十二都

城隅

東隅統圖二地名六

上倉　埜塘　東門街　坑墜　後田

後碓

西隅統圖二地名九

大街　下街　後衙　後街　竹坑

杭橋　廊下　潭頭　石龍下

都

一都下管統圖二 地名八

大濟 小濟 七保 八保 黃均

柿兒 下灘 乂路下

一都上管統圖五 地名五十有三

濛洲 橋後 黃田頭 石記岱 黃坪

黃坑 半溪 東山後 楊家樓 門樓後

洛嶺 下村 蔡地 薦坑 范處

岡頭 醮田 舉溪 小濟頭 漈根

楊家庄 下庄 大濟頭 包果 黃楠坑

陳鑑坑　黃田　黃布　後倉坑　包謝
八爐　後洋坑　蘭頭　西溪　蓬家山
魚川　轉水　杉坑　豆腐坑　澤楠坑
横嶺　洋頭　缸砵窑　富樓源　東溪
徐洋　庵門　葛坪　後坑　吳山
下洋　西坑　屯洋
二都統圖一十一　地名一百六十
周墩　西川　塘頭　壇衕　周處廢
⿱山柿杔川　嶂下　染廒坑　賢良　石頭坑

淤上　黃檀　金山頭　石板倉　新村

松栢壪　新庄　蔡公改名蔡川　高洋

張百坑　大巖坑　南洋　山坵　紙焙

坑頭　湖池　外洋　西洋

蓋竹　根竹山　西洋　下段　後濆

東坑　喬陌　桐梓　東岱　黃皮

漈下　枇坑　梧桐　蘭溪橋　青草

庫坑　黃土洋　久任洋　黃水　蛤湖

山壠　橫坑　爛泥　齋郎　楓樹坪

山井溪 石磜 栗洋 半坑 車根

五大保 岩下 高漈 車坑 橫山

下㡜 馬家地 珠嶺坑 高任 尖上

底墅 荷地 漈面 洋邊 後庄

下墅 漈角 塘尾 黃沙 岩坑

楊橋 桃坑 黃岙山 黃壇兒 大岩

杉坑 楊朗坑 半路村 半坑 奇羅廢

半山廢 黃坑 東坑 東溪 上洋

交漈

大洪　烏石　林草坑　田廉　嶺頭

杉翠塆　蘇湖塘　楊婆源　東山後　坪頭

茶坪　源頭　橋頭　石磨下　金處

嵐頭　岱根　青竹　半嶺　山頭

梅樹　安溪　留香　竹坪　白柿

塘尾　後坑頭廢　坳根廢

黄泥盪　魚鯍洋　石柱　梘頭　堰頭

高崇坑　湖邊　左溪　田坑　轄竹

石塘　下塘　印漳　坑下　杉樹下

黄山頭　庫望坑　漈下　官塘　横坑

箬墺　沙洋　白稀洋　後洋　杉坑

上店　洋頭　水寨　垻頭　崗根

青田　箬坑　茶洋坑　蓮溪　壟頭

斜山兒　簟坪壪　中央閣

三都統圖三　地名六十有一

下塢　源頭　半岱　烏石嶺　范源

嵐後　坳坵　徐墩　坑口　塘根

五錠　新村　游山頭　佃坪　翁山

滕礱 横溪 下埔 余坳 坳下
員山 小安 半嶺 小源 黃山頭
竹下 麤礱 根竹山 方塘 横坑
下源 內庄 中村 坑井 五漈下
岱根 南坑 陳村 黃皮 班岱底
班岱外 楓嶺根（廢） 衕頭 麻園 余地
上村 後樓 羅坳 權山 豎頭
埠頭 山頭洋 横源 竹後 塘下
五嶺根 五嶺頭 劉貴溪 管山頭 棚下

西山

四都統圖二 地名二十有八

瀆田　學後　坑西　石磧　竹坑源

上庄　上田　横欄　坳後　源頭

焦坑　漈上　高漈　蘢頭　班岱後

䭾坑　下洋　張家畬　道堂根　平坑

山邊　塘邊廢　樓下　高上廢　蕨洋

雙要　烏住

五都統圖二 地名二十有五

魏溪　畨墺　湖邊　坑頭　墈頭
底村　外村　坳下　金村　朱村
上淤　薰山下　高累　李塢　白蛇窟
上源　石井　黄花坂　楓樹淤　猪脚岱
洋頭　猪背坑　九際　塘園　月上

六都統圖三　地名三十有八

庄頭　洋里　甘公坑　外童　內童
葛徐　石陂　黄沙　坑邊　車下
芸洲　龜田　塗坑　蘇麻　車坑

局下　蔡段　坑里　葉村　雷山頭
官山頭　石門　張源　白嶺頭　奶圳
坳下　山根　洋頭背　高山灣　菖蒲洋
落花洋　下溪洋　平坑　爐坪　大毛凹
洋塢　官倉邊　倉岱
七都統圖三　地名三十有五
樟坑　徐墩　蒲潭　吳田頭　李地
白沙　廟邊　呂源　源尾　中村
陶坑　下安溪　大門底　小林源　鄭山後

洋後　張天　張地　黃坑　坑下

生水塘　後坳　源頭　內關　小關

隆宮　西坂　何山頭　濟下　濟頭

山坑　奧坑　漈下　山岡　徐山

八都統圖三　地名二十有六

橫硤廢　余村　下吳　槎溪　黃洋

岱根　坪洋　山柘　赤坑　菊水

后口　鍾石淤　爐兒　下斜　棘蘭

塞後坑　下淤　竹下　後碓　楊篆

溪北　下井　東山後　東溪頭　高壤

月坳

九都統圖三　地名三十有六

黄杜坑　新窑　新岱　黄壇　艮湫

竹口　蓬塘　岩後　崔家田　陳龍溪

後寮　上坑　爐坑　上坳　白象

下洋淤　田邊　旱坑　大林　會底

馬調洋　何衕　下窟　黄蓮坑　青毛畲

大松坑　蔡山頭　岱根　山頭　千秤

桑坑　光浦　㟃烏　三岱　礱口
潘衕
十都統圖三地名二十有六
下漈　中漈　上瀨　陳邊　上漈
湖頭　漈下　雙井　梁家田　上井
吳村　烏壇下　中碓　漈頭　洋頭
後坑
十一都統圖七地名三十有八
湯源　上源　朱塢　何坂　中村

小黄南　泥嶺根　槐源　黄畬　嶺後
横坑　葵洋　丁源　毛源　羅源
龔村　毛塢　范塢　排頭　何源
調壇　濟上　濟下　張岩　英塢
翁村　井邊　甘竹山　麻嶺後　濟根
欅榈坑　鄭塢兒　外塢　營衕　孔坳
陳村　前寮　旱坂

十二都統圖三　地名二十有九

大澤　伯渡口　下洋　三溪　山頭碧

下沈　上沈　栢渡閘　李村　姚村
下塢　庄頭梅　臺湖　竹棎　東邊
西邊　黄塢　葛田　著源　南源
桐山　頭陀　佛堂坑　苦嶺坑　高山
金村下洋　甸塢　若坑　下坑
已上鄉都原設版圖一十五都三十七里今編順
庄一百六十八庄先是慶元初分五十三里
皇清康熙十年太造編審七月內奉總督劉巡撫范憲牌內
開併圖減役向例不及三千畝爲一里今届編審

編定三千畝爲一里仍聽里民以近就近自尋熟識配爲一里等因到縣知縣程維伊加意剔釐勞心經畫恰遵來文聽民自便熟識相連計畝多寡酌里去留計減没一百六十戸併作三十七里其所没之戸田地山塘悉併入三十七畝之内中有兩姓併爲一戸或二三姓或衆姓併爲一戸且止有丁地山塘而無田畝者亦止有田畝而無丁山塘地者各依所併項下輸差而偏累之獘除至若徵輸之法先年慶元田戸自稅自輸並無現年催

賠之累自明季法弛弊行錢糧完欠專責現年如
有欠數勒令充賠反縱頑民豪里故意拖延以致
現年糧長剜肉補瘡典賣賠墊數十餘年小民視
田如仇棄家如鶩康熙十年八月内又奉總督劉巡撫范
檄行嚴禁内開姑赦舊奸一數新令概將現年
糧長名色盡行革除其各甲田地人戸悉照自己
名下應徵糧米依限完納縣官催徵俱照赤歷人
戸田糧刊給易知長單分散各里照限自齎赴比
如有預期先完者即于簿上註明給票歸農不得

重勘比較或係一人十分即自催自完不必更催
他甲甚爲小民簡便等因到縣知縣程維伊勵志
奉行而現年賠累之弊亦除康熙四十年奉巡撫
張公志棟華里長各色行順庄滚單法至雍正七
年總督李公衛
題請申嚴順庄滚催之法委員挨都查編析除圖甲不
許棚户扭名花分詭寄城鄉坊庄以連壤爲序一
照烟户保甲造册給單分限滚催而里長之弊盡
除

官倉

倉儲之設其初爲救荒計而後世軍國之需且有賴是以資者所係誠非小也因前此之營繕爲今後之預圖嚴封鎖愼檢校避下濕防風雨爲政者可不視爲亟務乎

常平倉 舊在縣東官倉巷即今儒學前明嘉靖二十五年知縣陳澤改建縣治內東邊主簿署舊址萬歷四年知縣沈維龍重修再建新廒二所

國朝因之遞加修葺編宇宙洪日月盈昃辰宿列張寒來暑往秋收冬藏閏餘成歲律呂調陽致等字二十八廒共貯穀柒千捌百壹拾捌石玖斗三升四合叁勺

竹口官倉在九都竹溪大街公館內編露結爲霜金生麗水玉出崑岡劍號巨闕珠稱夜光果珍李柰菜重芥薑海鹹河淡等字三十二厫共貯穀柒千伍百捌拾　石以上二倉計貯

一件各省州縣等事官捐穀壹千壹百貳拾叁石壹斗四升壹勺

一件欽奉
上諭事田畝捐穀陸百壹拾伍石玖斗

一件請照江南等事生俊捐穀陸千肆百陸拾壹石壹升貳合貳勺

一件仰體
聖衷等事生俊捐穀伍千伍百捌拾叁石陸斗

一件欽奉
上諭事生俊捐穀肆百石

一件遵
旨速議具奏事生俊捐穀壹千貳百壹拾壹石貳斗捌升貳合

一件各省州縣等事官捐穀伍石

計七案共貯穀壹萬伍千叁百玖拾玖石玖斗叁升
肆合叁勺
遵照嘉慶四年　奉册開載

預備倉 凡五所明洪武間知縣余源清建東倉一都南倉六都北倉八都西倉十二都俱久廢惟中倉一所初在儒學前官倉巷嘉靖時知縣陳澤改建縣治內主簿署舊址至萬歷八年知縣陳九功仍將官倉巷故址重建倉廒扁曰預備向僉儲戶殷實者充當倉夫歷久弊甚四十二年知縣郭際美詳革倉夫以吏承管民困始甦四十六年知縣汪獻忠捐俸重修崇正十四年知縣楊芝瑞復脩

國朝因之故預備倉之在城者有二一則儀門外主簿署舊址陳澤所遷建者是一則大街東官倉巷原址陳九功所重建者是兩所並用均堪貯穀乾隆五十一年知縣王恒以官倉巷離署較遠將預備所貯穀石盡貯於縣治內常平二十八廒之中道光二年知縣樂韶詳請將預備廒改建[illegible]

社倉

朱子社倉之法載在書傳者甚明後世行之不善立法頗似義倉蓋竊社倉之名而未稽其實者也慶邑舊無社倉乾隆二十三年巡撫楊公廷璋奏立知縣陳春芳奉文建置歷久穀石無存倉厫傾廢道光六年知縣黄焕又奉文復設輸穀貯倉絶盤驗以杜需索易社長而立董事推陳易新悉聽王裁法良意美亦普惠元元之意也今列其倉數如左

城内社倉貯穀柒百貳拾捌石玖斗五合

后田社倉貯穀柒百零五石五斗五升

大濟社倉貯穀壹百陸拾柒石伍斗貳升

上都社倉貯穀貳百玖拾石五斗玖升柒合

二都七八社倉貯穀壹百壹拾柒石肆斗貳升肆合

九都竹口社倉勺貯穀壹百肆拾捌石叁斗陸升貳合九

已上陸處已建倉厫共貯穀貳千壹百伍拾捌石叁斗伍升捌合九勺

二都五六社穀捐穀叁百肆拾石陸斗

二都九十社穀捐穀貳百肆拾玖石叁斗柒升

三都社穀捐穀壹百零叁石柒斗捌升

四都社穀捐穀壹拾貳石貳斗伍升玖合陸勺

六都社穀捐穀玖拾貳石貳斗肆升

七都社穀捐穀玖拾柒石伍斗肆升

八都社穀捐穀叁拾貳石叁斗陸升

以上七處未建倉厫共捐穀玖百貳拾捌石壹斗肆升玖合陸勺

通共社穀叁千零捌拾陸石伍斗零捌合伍勺各處

捐戶錢穀經理董事俱已逐款造册酌議善後規

條通詳立案

坊表

國家以名節望天下而使里不登史不書非所以勸世也古者表厥宅里樹之風聲義在則然耳慶邑萬山之中前代頗有偉人于今不無貞操如其行能事業彪炳仕籍霜守氷操蔚爲壼範者前志業已表之玆無論在鄉在邑及前志所未及載者悉登之新志以垂永久俾後之覽者得有所興起焉其爲世勸深矣

邲聖坊

希賢坊在舊學前

承流坊

宣化坊俱在縣北布政分司前並廢

肅政坊

澄清坊俱在按察分司前並廢

貞肅坊

甸宣坊俱縣治府館前

迎恩坊在縣北郊知縣楊芝之瑞重修今廢

肅民坊在社稷壇前

景星坊在上倉景星宫前
桂香坊在豐山門内
儒效坊在東隅安定橋首
絃歌坊在西隅
安順坊在就日門前舊名遺愛坊元至大二年建
宅相坊在下管福安橋首
雙桂坊爲宋天聖甲子科進士吳穀景祐甲戌科進士吳轂兄弟立在大濟
大理坊宋皇祐元年爲贈封吳穀父崇煦立在大濟
狀元坊爲宋大觀庚辰科狀元劉知新立舊在五都明嘉靖二十一年知縣程紹顧遷建縣治東崇正

十五年知縣楊芝瑞重建康熙三十二年知縣高嶙重修乾隆六年知縣鄒儒重修三十五年燬

入行坊爲宋政和壬辰科進士吳彥申立在縣南

桂香坊爲宋政和壬辰科進士吳兢吳璉立在大濟

神童坊爲宋尙書陳嘉猷立在九都竹口址存

尙書坊爲宋紹興甲戌科陳嘉猷立在縣治西明知縣程紹頤建崇正十五年知縣楊芝瑞重建康熙三十二年知縣高嶙重修乾隆六年知縣鄒儒重修三十五年燬

進士坊在竹口明知縣董大本爲宋進士給事中王應麟立

擢秀坊爲明永樂甲子科舉人葉祥立在縣治西竹坑巷口隆慶二年火孫珣重建順治五年燬於寇址存

登雲坊爲明永樂庚子科舉人趙樞立在六都今廢

登科坊爲明永樂庚子科舉人吳仲賢立在三都陳村

步蟾坊爲明永樂癸卯科舉人吳源立

奎光坊爲明正統辛酉科舉人鄭熊立在縣西水門隆慶二年火

義民坊爲輸粟賑飢葉仲儀立在北門外明正統七年建

恩榮坊爲義民周公泰立明正統七年建嘉靖四十一年燬于寇隆慶四年孫周軾重建在周墩乾隆五十年火

義民坊爲義民吳彥恭立明正統七年建在六都芸洲廢

百歲坊爲壽官葉仲林立在縣北門外

耆德坊在四都廢

繼賢坊爲明成化辛卯科舉人吳譽立在七都安溪

名登天府坊爲明宏治乙卯科舉人吳潭立在大濟崇禎十二年族孫吳廷亮廷殷四可等捐資修理道光十二年族孫吳嘉裕墉邦鑾等合族重修

應宿坊爲連城縣知縣吳贇立在縣治北門知縣陳澤建

賢後流芳坊在神力寺左明嘉靖四十三年署縣事通判周紳建列科貢姓氏隆慶二年爲洪水衝決

彩鳳呈祥坊在十二都大澤村後爲明嘉靖宿州同知吳禋立

崇儒坊明嘉靖十三年本府通判署縣事周紳以鄉多業儒因名一在大濟一在竹口

鴻臚坊明萬歷間爲誥封廸功郎吴儒立在大濟

皇都得意坊爲明萬歷壬午科舉人姚文焻立在後田起鳳橋首

登瀛坊爲順治丁酉科順天中式舉人葉上選立在後田善濟橋首

樂善好施坊在後田安定橋首嘉慶十六年知縣鳴山奉

旨爲義民吴昌輿立

賢德坊爲朱侍郎胡紘妻氏立在四都久廢

貞節坊爲處州衛正千戸葉德善妻鮑氏立在北門橋首明洪武庚辰知縣胡叔義請建

貞節坊爲吴慶妻邱氏立在縣治後廢

詔旌完節坊爲監生吴化妻葉氏立明萬歷間建在大濟

一夕千秋坊在西街頭雍正十一年知縣徐羲麟奉
旨爲儒童吳公望妻節孝周鸞姑立撥負郭官田一十六畝俾其孫永奉祭祀道光九年族孫吳顯宗獨出重金倡修

節孝坊在大濟雍正七年知縣徐羲麟請
旨爲生員吳熀妻曾氏立

抱璞全真坊在後田雍正六年秋知縣徐羲麟奉
旨爲故生員葉艮英妻望門守節吳淑姬立

節烈坊乾隆四十八年知縣王恒奉
旨特旌一在四都班谿後爲吳茂旋妻葉氏立
一在九都後蒙爲李大蓀妻吳氏立

節孝裕後坊 在埜塘乾隆五十七年知縣張玉田奉
旨爲故儒童周宗熹妻楊氏立

節孝坊 在後田道光六年知縣黃煥奉
旨爲故增生姚芝之妻季氏立

節孝坊 在上管道光七年知縣黃煥奉
旨爲儒童吳匡經妻練氏立

節孝坊 在三都根竹山道光九年知縣陳文治奉
旨爲故儒童瞿智豪妻范氏立

橋渡堰陂 附亭閣

橋渡以通行旅堰陂以興水利皆王政之要務不容缺者慶邑導冢自東無長橋大河十八多畧杓以渡秋夏之交山水暴漲壞而橋隨之者亦往往而有蓋其地居上游奔流迅速勢所必至若鄉遂岡排民間築石成田其高下層級之處全資山泉灌溉大溪之流不與焉官斯土者能因地制宜以時修築則民有攸賴矣

橋

東門橋　豐山門外嘉靖時築邑人練伏保捐石

仁養橋後田下葉祠門

光裕橋道光八年建

善濟橋後田元至正九年建明洪武三十五年邑人謝子隆重建崇正六年燬十六年邑人葉喬林葉喬彬葉上選倡建

起鳳橋後田萬懸間邑人姚文熠建

錦水橋乾隆四十四年里人衆建

安定橋後碓又名師公橋橋首安吳三公廟邑人胡仲輝建道光十二年本里庠生吳一麟捐修

天銘橋

尚義橋後碓嘉慶五年里人吳昌與獨緣建并造捐人邑田壹百巴為永遠經費

以上俱在縣東

興福橋薰阜門外嘉靖四十二年邑人姚汝仁募建

梟橋縣西二里

清隱橋縣西二里嘉靖三十一年知縣邢夢珂重建尋壞今止建草橋

尭窰橋縣西

以上皆在縣西

太平橋即杭橋在城西北間元至元十年火二十六年重建改名太平嘉靖二十五年築城橋毀四十三年知縣張應亮重建增開小水門改名水門橋崇正間火作草橋嗣後屢遭水患旋塌旋修自乾隆三十二年至五十三年凡四毀邑人架木重修舊管土名坑尾田租五把道光十二年監生姚樹德從新獨

建並置入魏溪上源村下土名牛路田租貳拾五把坐稅貳畝備資修造知縣吳綸彰有記載藝文

楊公橋 雲龍門外爲衆水之滙形勝關於一邑元大德間達魯花赤于崇建於石龍寺門顏曰興賢明天順間壞知縣沈鶴因龜石爲梁名曰詠歸中構大觀亭嘉靖二十七年壞知縣朱芾重建未幾爲水漂流萬歷三年知縣沈維龍再建十六年四月朔嚙於水崇正十五年知縣楊芝瑞建中有補天閣小蓬萊雙虹架於左右改名楊公橋邑人姚文宇助銀五百兩有記見藝文 順治五年左橋燬知縣鄭國位重建康熙八年左橋邑人余世球修右橋及閣邑人姚鐸重修年久傾圮僅留頹楹半截乾隆十五年知縣鄧觀移其半於北門是爲北門橋

北門橋 雲龍門外嘉靖十五年知縣陳澤建四十三年改建萬歷三年重建康熙三年災於水復建年久傾圮僅作草橋乾隆十五年知縣鄧觀拆楊公橋之半改建於此額曰登雲仍復興梁之舊五十三年

典史董敦禮偕紳士重修置買五都坂墺土名水車田段內干租伍拾伍把文昌閣下官陂頭段內水租貳拾把首事設立簿書分班管理每年六月初二日公衆面筭租價若干或應修葺或存買田毋許借放滋弊立碑於橋以垂永久嘉慶十五年遭毀十七年將田租貯資重建道光二年置買官陂頭段內水租拾把道光十年又買大坂洋土名山下龔又名庵窑下水租五拾貳把以上共干租伍拾伍把水租捌拾貳把永爲此橋修葺買田之需所有新舊田契田領粮單一併粘簿交與經理董事掌管厥功良不淺云

有碑記

見藝文

角門橋 即程公橋爲衆水之滙獅象兩山聳立南北爲邑關鎖康熙九年知縣程維伊從父老請捐資鼎建民無病涉顏曰程公橋有記見藝文後廢於水乾隆二十七年慈照寺僧達一募建橋左建觀音堂今橋廢於舊址下建草橋與蒙龜玩月二橋共名三義置買水田一段坐魏溪猪背坑土名黃龔并庵基

及處壇共大租肆拾貳把一土名黄襲山塲壹處其山并田俱首事管理以備修葺

護龍橋神力寺前嘉慶八年邑人吳昌興獨緣建造捐入已田四十把以備修葺

祝家洋橋又名上橋久廢

以上皆在縣北

攀龍橋隆慶二年里人吳道揆建萬歷三十六年子俸重建康熙二年孫麗明王眷王賓王鐘等重修

雙門橋以吳穀吳轂兄弟聯登豎兩門於橋側故名里人葉塢倡首重建隆慶元年吳道揆重修

甫田橋始建於宋至明萬歷間里人吳起蛟吳廷啟重修順治十八年吳世臣吳銓臣吳貞臣等重修

道光七年吳墉吳邦鑾吳序喜捐修

後堂橋宋時始建明崇正間里人陳箴岳吳康民等重修

福安橋小濟里人劉可達建

以上俱在下管

駟馬橋

領恩橋舉人吳仲信建

登雲橋里人吳子深建

步蟾橋一名步月永樂間里人吳子興建

跨龍橋隆慶二年里人吳維俊募建

來鳳橋

卧龍橋

漈根橋

丁埠橋

傍山橋

步雲橋

白雲橋

石龍橋魚川邑庠吳瑩吳廷魁等捐建

南洋橋東溪邑人吳振蘭吳瑩等募建

外洋橋東溪邑人吳榮星吳瑩等募建

茶洋橋西溪

繼善橋嶺頭嘉慶二十五年胡姓建

楊家庄橋里人吳善友泒下衆建

以上俱在上管

新坑橋周墩嘉靖三十三年修續邑人周琯重建嘉慶五年邑人吳昌輿募建捐入巳田五十把

上洋橋周墩嘉慶間邑人衆建

外橋應嶺尾水壤邑人胡崇芳獨緣築建

蘭溪橋橋下有潭相傳蘭溪人見羣峯拱揖四水歸堂偷葬於此其地遂名蘭溪明萬歷二年邑人謝子隆吳豐等募建　乾隆四十八年洪水衝壞里人吳星海重新募建

濛淤橋元至元間建久廢明嘉靖五年邑人葉亨重建後壞於水嘉慶十四年邑人吳昌輿倡建

五大保橋嘉靖間葉仲珊建

蓬口橋五大保道光九年張禮備張義云張義炎等倡建

樂善橋五大保道光九年邑人吳日章獨建

黃連橋

亨利橋嘉慶丁巳年重建

林草坑橋嘉靖間邑人葉亨建　乾隆五十一年里人吳春行等捐修

榅㭬橋嘉靖間邑人葉憲建

外村橋嘉靖三十九年邑人吳仁忠募建

官局橋嘉靖間邑人葉縏建

梅樹嶺尾橋

黃水長橋乾隆十九年邑人吳春廣倡建

夾金橋賢良水尾乾隆三十年衆建

長生橋石板倉嘉慶十八年衆建

濟安橋湖池慶景接壤之處里人周長廣周長楮等倡建

東坑橋順治十四年建

西坑橋嘉慶二十一年邑人捐建

轉水橋北坑

青草橋

交龍橋康熙年間里人衆建

雙關橋黃皮

昌文橋栗洋

南溪橋栗洋嘉慶二十五年
邑人張子發獨建

會龍橋齋郎村葉宗選倡建

接龍橋齋郎葉宗選倡建橋路共
費金八百餘兩現請遍獎

斜溪橋楓樹
坪

護龍橋岩下里人葉
里坤等倡建

大洪橋

接龍橋荷地

金蝦橋黃沙

廻龍橋豫西里人范彥文嗣孫倡建

接龍橋桃坑里人葉孝七嗣孫倡建

承善橋廣墅里人吳恩醇等倡建

永興橋三港

平川橋蛤湖

聚秀橋蛤湖

萬興橋蛤湖

鯽瀾橋

嶺尾橋

漈川橋漈下

文閣橋高任

順天橋岱根道光十二年重建

以上俱在二都

雙坑橋

余地橋

觀洋橋

蘇麻橋

五石橋陳村里人吳佐源等建

新亭橋塘根嘉慶十一年砌石成橋邑人吳登雲倡建

濟南橋

小安橋乾隆四十九年建

以上俱在三都

漈上橋在四都

金村橋乾隆年間葉廷炬同村衆建置橋租一千餘把道光壬午年將田段勒碑於村頭神廟中爲誌

朱村橋邑人劉廷堅建

畬墺橋又名下橋久廢

通濟橋 畨墺村對面嘉慶十七年議敘州判姚鸞砌石築建

蒙龜橋 外村

玩月橋 月山

以上俱在五都

武定橋

永安橋 洪武四年吳德大建

芸洲橋 一名普渡元大德九年建

安樂橋

石洋橋

坑里橋

洋里橋乾隆　年里人吳良德順興等募修

庄頭橋道光十二年築建

以上俱在六都

黄坑橋

福勝橋後圮歷久傾圮道光二年周啟邠羅煥章出貲倡建

護蔭橋張地

普渡橋李地嘉慶二十二年吳王松獨緣築建

文昌橋張地乾隆癸巳年建

太平橋張地

源尾橋

樟坑橋

隆宫橋

接龍橋 隆富嘉慶十七年建

茭塘橋

逢橋

雙鳳橋 嘉慶一年邑人姚涵倡建

登瀛橋 嘉慶一年姚伯耀倡建

蒲潭橋 舊名六龟橋

生水堂橋

張天橋

以上俱在七都

槎溪橋　縣北二十里爲邑孔道宋淳熙間建覆屋二十七楹嘉靖四十三年知縣張應亮修萬歷二十二年壞于蛟水知縣鄧建邦重建改名通濟橋稱雲鄭汝璧有記見藝文尋壞今止建草橋白嶺人王商興捨田六十把以備修葺

赤坑橋　掬水崇正間慶止建草橋尋壞嘉慶八年城東信女張葉氏獨建旋壞復修子貢生張秀撥捨入巳田四十把永爲修葺之費

棘蘭橋　萬歷三年知縣沈維龍建久廢

魯班橋　永樂十一年邑人謝叔高重建

黃荆橋寨後坑洪武十八年建後壞永樂十六年邑人吳均平重建隆慶四年壞知縣朱芾重建後又
壞建草橋　乾隆
年邑人吳　重修

寨後橋里人季文盛等建

如龍橋在槎溪村尾嘉慶三年鼎建

以上俱在八都

杜坑橋寨後嶺尾砌石成橋里人季上璧建

太平橋舊新窑橋明萬歷四年壞五年知縣沈維龍命里人季珂督建　順治八年燬康熙元年復建
至乾隆四十五年移建水尾里人季璉等增置橋租壹千餘桶又置買土名大小彎山場貳處以備修葺

白蓮橋黃壇成化間里人季存旺建

雙礱橋嘉靖間里人李勝宏建

西溪橋

下坑橋

阜梁橋永樂九年里人周喜初建嘉靖十一年本府通判周紳重建萬歷四年壞知縣沈維龍命楊呂項淵督建　順治間又壞竹口居民募建嘉慶十三年復推基址無存道光二年里人復建橋頭建立觀音堂有記見藝文

雙溪橋竹口許汝明獨建

巖坑橋棘蘭坳邑人吳濂建

嶺坤橋新窑嘉靖間里人吳簡建萬歷間知縣沈維龍重修

關橋洪武間建尋壞於水永
間邑人何得成重修

雙龍橋

路重橋

普渡橋卽後坑橋康熙十年知縣程維伊重建乾隆二十六年里人重修貢生吳德訓題額道光五年
監生吳恒憲獨
出重金倡建

安人橋里人沈旺蔭
倡建

福陞橋上坑道光八
年村人捐建

雙坑橋山岱李
兆平建

以上俱在九都

沙板橋洪武間里人陳永三建

下店橋永樂間里人賴彥銘建

查洋橋陳邊元至正間建後燬嘉慶二十三年里人復建

順興橋陳邊里人蔡朝璠建

項源橋蔡伸龍建

李村橋

黃潭橋栢渡口道光元年里人沈國棟重修

附鳳橋栢渡口隆慶元年邑人吳秋建

普渡橋里人吳經訓楊佛郎募建

福壽橋里人李艮增募建

雙巷橋蔡伸龍建

以上俱在十都

范塢橋里人捐建

庄頭橋

廻龍橋一在槐源里人吴邦勳等建一在下塢里人蔡天星獨建

下庄橋嘉慶年間宏源監生毛鳳鏘砌石築建

接龍橋丁源里人衆建

會源橋在高陽丁源村人倡建庠生張紹樑獨砌橋頭大路壹百陸拾餘丈

何源橋張紹櫟獨緣築建

惠福橋上源乾隆年間建道光七年重修

永興橋下塢里八蔡天星建

以上俱在十一都

楓樹橋元延祐間建久廢　乾隆年間里人吳大榮偕心明等重修

長洋橋

葛田橋元至正間建

頭陀峽橋洪武間建

關門橋

觀音橋

連鰲橋

濟世橋 里人葉德賜建

攀龍橋 龍邑王三官建

栢渡橋 龍邑王盛會建

復興橋 姚村里人捐建

龍安橋 姚村里人捐建

龍會橋 姚村里人捐建

烏瘦嶺下橋 姚村里人邵安仁邵體仁重築道光十年并砌石步貳百餘丈

樂善橋白象沈子光等捐建

仁安橋沈承隆獨緣築建

以上俱在十二都

渡

石龍渡縣北石龍潭明崇正十五年知縣楊芝瑞建橋康熙二十五年橋壞於水雍正十年知縣徐羲麟造船爲渡勸邑人輸田爲管渡工食籌善後計嘉慶元年邑人周培陞請將所墾中央洲熟田六石二斗爲渡田

後田渡縣東關外水勢迅急橋成即圮雍正十年知縣徐羲麟造置渡船行人便之時邑人何金鼎捐山根田一畝三分土名石磧坵姚大霦捐大坂洋田二畝五分土名檠頭姚天球捐學後田一畝八分坐

屋傍大路後水圳吳公官捐學後田九分坐上洋爲兩渡永遠經費

五都渡 縣北十里岸濶流迅雍正九年村人吳錫泰等募造渡船今改爲橋

堰

趙公堰 即周墩堰障盖竹濛淤二溪水入周墩上洋墺穿古樓廟下過梯兒村合下灘濟川二水灌東郊田四十餘頃明知縣會壽築崇正間壞知縣楊芝瑞復築又壞今惟官陂尚存冬夏有水堰廢不用

司後堰 在布政司後久廢

城內官堰 萬歷七年知縣陳九功泄慶相其陰陽開渠引水於西門外里許築壩水由西城入環繞東北城脚而出歷久阻塞壩壞乾隆十六年知縣鄧觀以城中堰水可培地脉可防火患捐俸倡築水壩疏通水道二十二年知縣陳春芳斷將楊家樓官田平租七十把歸與管堰人口食后因佃人地練分肥

田租水道仍塞道光四年知縣黄燠諭通水堰邑人捐貲疏瀹並將楊家樓田照案歸管其田一段土名菖蒲洋計租陸把一段玉嶺坑租陸把一段高坂貳把一段英坑洋伍把水澗洋伍把一段寮前租貳把一段欄路下租貳把一段外車岱租伍把一段深渡租拾把共計實租肆拾叁把四年邑人增置與積純南門外土名塘園田大租貳拾把稅壹畝陸分又買王自傳東門外土名大坂洋墩上田大租壹拾貳把坐稅壹畝零捌釐共計城鄉堰租柒拾伍把擇人管理毋使壅塞以垂久遠

陂

官陂在邑上游因趙公堰壞障濟川下灘二澗水溉大坂洋田四十餘頃俗稱官陂耕者便之趙公堰遂塞不用

後姚陂

謝家陂
新碓陂俱在縣東
潭頭陂在縣北石龍潭下
小濟陂一都
村頭陂
柿兒陂周墩俱在二都
中村陂三都
山邊陂
中陂竹坑俱在四都

朱村陂在五都邑令曾壽築乾隆丁亥推圳塞嘉慶壬戌葉旭祥張貴達等復濬捘租捐置田畝年加
障
理
長田陂在六都
溪北陂在八都
溪頭陂
黄壇陂俱在九都新窑
潘衙陂九都新亭
田邊陂一
伏田陂

獨石陂

後坑陂俱在九都竹口

栢渡陂

大澤陂俱在十二都

亭

勸農亭豐山門外大坂洋今廢詩見藝文

迎春亭後田安定橋前

褒封亭明萬歷四十一年爲葉自立任天津右衛經歷九載考最褒封其父愛軒建順治十七年燬康熙五十五年邑人姚鐸捐資重建夏月煮茶以爲行人遊息詩見藝文

鳳舞亭後田石埠前詩見藝文

一源鎖脈亭郎登俊坊後田街里人衆建　以上縣東

百武亭縣南一里

接官亭

豐樂亭郎問仙亭詩見藝文

繼善亭祝家洋邑人葉邦憲建記見藝文　以上縣北

拱秀亭嘉慶四年吳邦鑾獨建道光十一年重修

護龍亭嘉慶五年吳芝森恒晶獨建

憩雲亭詩見藝文

翠微亭詩見藝文

來鶴亭詩見藝文

山坳亭

濟源亭

白鶴堰亭嚴煥欽妻葉氏建

墩根亭嘉慶十七年吳昌興重修以上俱在下管

半嶺亭嘉慶六年周增孝建

嶺頭亭乾隆五十一年周榮舉建

白雲亭

清泉亭

尊光亭 嘉慶九年吳昌興修

觀幽亭

聽鹿亭 詩見藝文

少憩亭

桂香亭

步月亭

總煥亭

甘谷亭

洋溪亭

望月亭嘉慶戊寅上管介賓吴先權獨建

巍壽亭以上俱在上管

新坑亭嘉慶五年募建

𢬵兒亭今廢

周墩茶亭

𨘷跡亭嘉慶十年吴元翰建

應嶺亭邑人余標余槐同建

映壁亭嘉慶十一年吴元翰妻葉氏建

上洋亭詩見藝文

天師坳亭道光三年吳昌興建

濛洲亭乾隆十四年里人張啟璣建

濛淤茶亭道光十一年周永福建併捐入巳田土名灘㘳租肆拾把永爲茶火之需

石馬亭

洋心亭

南坑口亭道光五年建

八角亭康熙二十八年里人張增玉募建乾隆三十九年張仁栢募修

水凹亭乾隆四十二年里人張從翰建

東關亭 里人吳日才建

西坑亭 嘉慶二十一年邑人捐建

巖嶺亭 里人張從任募建

金壜亭 里人林春球建

頂豐亭 林以坤妻吳氏建

青松亭 蔡川

備風亭 新村眾建

步雲亭 里人吳光欽建

加豐亭 岩下

五社亭　蔡川
五大保茶亭　乾隆五十一年葉發艮倡建
蓮花亭　賢艮乾隆丁丑年葉華薪獨建
上馬亭　賢艮
半邊亭　賢艮
岱頭亭　賢艮
叠木洋亭　賢艮
漈頭均亭　黄壇
松嶺亭　石板倉

新樂亭 南洋乾隆五十一年衆建

喫水亭 乾隆四十一年張從總建

青草亭

獅仔亭 大洪

繁息亭 邑人吳其玉募建

望遠亭 邑人吳星海募建

由義亭 在喜鵲坳嘉慶六年邑人姚匡建另屋三楹着人住守并捨入田一段水凹洋土名横山後大租壹拾把一段盖竹均根土名外洋石岩下平相骨皮共陸拾把二段共坐稅叁畝玖分入鳌以爲茶火之需

以上二都

西山亭詩見藝文

鷺鷥坳亭邑人吳元瀚建

步雲亭里人姚伯耀建

世美亭磨手嶺頭道光七年邑人姚園建並置茶田捌拾把合稅柒畝坐落嶺頭土名亭下記見藝文

彰善亭磨手嶺尾道光七年姚園重修

新嶺亭

下庄亭里人吳士武建

寿搏嶺亭里人吳秉夏建

滙石亭邑人姚自養建詩見藝文

烏石亭詩見藝文
翁山亭江西范協章建以上三都
蕉抗亭邑人吳德深建
竹坳亭
接龍亭飯饒礬嶺
種德亭深烏嶺周翰才重修
黃田亭以上四都
五都茶亭奉鄒公撥入坂墺鋪門淤田壹拾把乾隆四十八年重修里人劉開基捐入土名青坑橋租五把陂蓬湖租五把邑人真玉圭劉德滿倡捐同五都金村衆等將捐項除建造茶亭外餘資置買本

村土名車尾租四拾把又上淤土名缸缽窖坑下租肆拾柒把永爲茶火之需道光十二年於亭後砌築石墈建造後堂

積善亭　畲𡋣村對面嘉慶十七年議敘州判姚鸞建

護蔭亭　以上五都

洋里亭

芸洲茶亭

龜亭

昌後亭　夏炳艷建

福興亭　夏炳艷建

九曲嶺亭范維秀范維連倡建
仙人亭范維秀范維連倡建 以上六都
八角亭詩見藝文
水尾亭何山頭嘉慶十一年吳王松獨建
中村亭里人周之德募建
揷花亭以上七都
迎恩亭在槎溪嘉慶元年知縣魏夔龍倡建
横㯶亭
慶豐亭里人方建賢倡建
冷水亭里人李爊重建詩見藝文

掬水亭詩見藝文

明管亭詩見藝文

澌闇亭范維秀范維連建道光八年子邦長邦基重修復於亭後竪屋三楹並置入田土名雙坑口上下三段共租陸拾把以爲茶火之需以上八都

山後嶺頭亭山後嶺上建亭屋三楹亭之後另屋三楹祀觀音像乾隆乙亥年里人季上機等請邑令羅岳琏斷除吳本報陞山根廟前官淤田額外將溢田與分斷陞拾把又季上機捐新窖村土名大路亭下大租貳石給照募人住守煮茶以埀永遠行人便之

半嶺亭山後坑里人吳文華建

旌善亭里人季世然建

眞利亭 上壁建

大觀亭 在竹口水尾卽伏石亭道光八年熼九年里人復建

積善亭 本里庠生吳溶建

聽泉亭 里人楊德華建

正祥亭 里人許熼建

樂善亭 道光元年里人吳恒憲建并甃路至後坑橋五百餘丈 以上九都

新亭

正坳亭 中漈賴沈氏能娫獨建

五里林亭

烏堀亭

後坑茶亭

榮慶亭里人吳經訓楊佛郎募建　以上十都

合志亭邑人葉增芳周運金同建

壽嶺亭

黃畬亭邑人蔡朝藩建

山窽亭邑人蔡天星建

安良亭邑人蔡元達建

傳興亭道光五年邑人葉邦馨建亭內豎屋三楹祀觀音佛像并置入田土名打鼓崗租拾石又置山塲壹處土名岡嶺頭以埀永久　以上十一都

閼門坳茶亭吳大榮僧心明募建

適情亭邑人蕭增芳建

祈福亭

福興茶亭在大澤

榮興亭里人劉倚生募建

廻龍亭吳氏衆建

蚊虫會亭里人蔡文璞獨建

裕後亭李村道光二年邑人蔡朝粱建

慶善亭姚村嘉慶十年里人邵文元建

以上十二都

閣

文昌閣 一在大濟萬歷三十六年里人吳倖倡建詩見藝文 一在舉溪康熙元年里人吳如公倡建嘉慶二十三年吳念祖等捐修 一在竹口乾隆二十二年建道光十年重修 一在二都蚣湖嘉慶四年建 一在八都槎溪法會寺後嘉慶六年知縣魏夔龍倡建

大士閣 石龍山中明天啟四年知縣樊鑑建詩見藝文 一在西門外三都磨手嶺頭道光七年邑人姚園建記見藝文

準提閣 在四都黄堂岡下久廢 一在竹口關帝廟後乾隆二十七年邑里人平建三楹

觀音閣 豐山門外久廢 一在上管 一在六都芸洲

塔

文明塔峯溪梅花嶺巔康熙元年吳如公倡建塔下環栽梅柳掩映鬪麗別一洞天

賑卹

維天地有天閼之氣故在人有鰥寡孤獨疲癃殘疾之民其生也不能自爲食其歿也不甘委諸壑計額授粮捐地埋骼亦哀我癉人澤及枯骨之仁政與

養濟院又名存卹舊在縣治東隅上倉明嘉靖十四年知縣陳澤賀價築城改建縣北石龍寺左崇正十六年知縣陰佑宗重建乾隆六十年知縣戈廷楠重修道光十二年知縣吳綸彰重修

育嬰堂在縣治東埜塘巷口道光二年知縣樂韶建

漏澤園　一在社稷壇右萬歷元年知縣勞銘彝置　一在濟川門外大濟嶺里人吳俸葉自芳同捨置　一在豐山門外光面山里人葉珠捨置　一在薰早門外兎窑山　一在安定橋上官陂頭里人葉京捨置　一在四都鐵山廟里人葉銘捨置　一在城內上倉樟樹坪里人吳鼎之捨置　一在竹口西北去竹口里許　一在竹口東南伏石關下去竹口數武。

慶元縣志卷之三

知慶元縣事吳綸彰重修

賦役志

土田 額徵 起運 存留 外賦 蠲恤

賦役爲經費所出任土作貢歷代互有不同而要其取民有制不外租庸調三者而已慶自閩耿之變戸口凋敝田多荒蕪五行百產之精一似有衰無旺矣恭遇我

朝

列聖加意休養一切鹽害里役革除殆盡百五十年來戶
口漸繁而賦不加增蠲
詔屢下而農有餘粟司民牧者體撫字之仁以行催科之
令全書具在不可不遵守也志賦役
土田
古聖王成賦中邦必別三壤慶爲嚴疆乃揚州
荒域地僻式稀計畝定稅往往有不均之嘆前
明隆慶間區分六則其法最密民困始蘇蓋地
有高下土有肥瘠倚依山阻淵相去不遠因前代

以酌其宜準土田以定其賦斯有得於錯上中

下之意耳

大洋爲畈則附郭貳百肆拾步起實稅壹畝鄉畈則折實稅玖分

山磡爲磡則附郭貳百肆拾步折實稅捌分鄉磡則折實稅柒分

山塢爲塢則貳百肆拾步折實稅陸分

山邊爲排則貳百肆拾步折實稅伍分

溪邊爲沙則貳百肆拾步折實稅肆分

山岡坪爲岡則貳百肆拾步折實稅叁分

按康熙三年奉

旨令業人自行丈量縣官履畝覆丈務使因田定稅因稅
定賦時坊里姚文信吳元舉等連名具呈知縣程
維伊俯循舊例詳請各憲批允悋照隆慶年間六
則開丈在案康熙四年魚鱗冊成原額無缺詳覆
藩司賦稅不虧今以所須之全書對前此之鱗冊
其額徵仍無缺云
額徵
糧有多寡由乎地有廣狹慶廣袤百里平衍者
什一崇陵者什九水冽土瘠號稱最下但則壞

成賦自有定額謹錄原徵詳注損益如左

原額田壹千壹百貳拾叁頃伍拾玖畝肆分柒釐玖毫　加乾隆貳拾捌年爲確查開報陞科事案內新陞田柒畝壹分貳釐貳絲加乾隆叁拾捌年新陞田壹畝肆分肆釐陸毫除雍正柒年爲請定各省耕耤等事置買耤田肆畝玖分

實徵田壹千壹百貳拾叁頃陸拾叁畝壹分肆釐伍毫貳絲　每畝徵銀捌分陸釐陸毫伍絲該銀玖千柒百叁拾陸兩貳錢陸分陸釐伍毫叁絲壹忽伍微捌塵　每畝徵米壹合柒勺捌抄壹撮該米貳百石壹斗壹升捌合柒勺陸抄壹撮陸圭壹粒貳黍嘉慶貳拾伍年知縣孫榮績爲田地被坍照例請豁虛糧事案內坍沒田叁拾頃貳拾壹畝壹釐除銀貳百陸拾壹兩柒錢柒分伍毫壹絲陸忽伍微除米伍石叁斗捌升肆勺壹抄捌撮捌

圭壹粟　實徵田壹千玖拾叁頃肆拾貳畝壹分叁釐伍毫貳絲實徵銀玖千肆百柒拾肆兩肆錢玖分陸釐壹絲伍忽捌塵　實徵米壹百玖拾肆石柒斗叁升捌合叁勺肆抄貳撮柒圭玖粟壹粒

貳

黍

原額地伍頃貳拾叁畝柒分伍釐陸毫除雍正柒年為請定各省耕耤田案內置買壇基地貳畝

實徵地伍頃貳拾壹畝柒分伍釐陸毫每畝徵銀捌分該銀肆拾壹兩柒錢肆分肆毫捌絲嘉慶貳拾伍年為田地被坍照例請豁虛糧事案內坍沒地肆拾玖畝玖分玖釐除銀叁兩玖錢玖分玖釐貳毫　實徵地肆頃柒拾壹畝柒分陸釐陸毫　實徵銀叁拾柒兩柒錢肆分壹釐貳毫捌絲

原額山貳百頃陸畝伍分每畝徵銀壹釐叁毫該銀
貳拾陸兩捌釐肆毫伍絲

原額塘壹頃壹拾柒畝伍分玖釐捌毫每畝徵銀柒分叁釐貳毫
該銀捌兩陸錢捌釐壹毫柒絲叁忽陸微嘉慶貳
拾伍年爲田地被坍請豁虛懸事案內坍沒塘壹
拾伍畝陸分伍釐除銀壹兩壹錢肆分伍釐伍毫
捌絲 實徵塘壹頃壹畝玖分肆釐捌毫 實徵
銀柒兩肆錢陸分貳釐
伍毫玖絲叁忽陸微

原額人丁陸千肆百伍拾柒丁口伍分每口徵銀捌分玖釐伍毫
該銀伍百柒拾柒兩玖錢肆分陸釐貳毫伍絲嘉
慶貳拾伍年坍沒田地塘免徵人丁壹百柒拾伍
丁陸分伍釐叁毫陸絲叁忽除銀壹拾伍兩柒錢
貳分玖毫玖絲玖忽捌微捌塵伍渺 實徵人丁
陸千貳百捌拾壹丁捌分肆釐陸毫叁絲柒忽
實徵銀伍百陸拾貳兩貳錢貳分伍釐貳毫伍絲

壹微壹塵伍渺每丁原徵田地山塘銀壹兩伍錢
貳分派人丁壹丁
已上原額田地山塘人丁等項額徵銀壹萬叁百
玖拾兩伍錢陸分玖釐捌毫捌絲伍忽玖微捌塵
額徵米貳百碩壹斗壹升捌合柒勺陸抄壹撮陸
圭壹粒貳黍內除耤田壇基及加開墾新陞等項
共徵銀壹萬叁百玖拾兩伍錢陸分玖釐捌毫捌絲
伍忽壹微捌塵　除坍沒田地塘銀貳百捌拾貳
兩陸錢叁分陸釐貳毫玖絲陸忽叁微捌塵伍渺
實徵銀壹萬壹百柒兩玖錢叁分叁釐伍毫捌絲捌

忽肆微玖塵伍渺外賦加蠟茶顏料新加銀柒拾
貳兩柒錢壹分伍釐叁毫柒絲捌忽肆塵貳渺伍
漠除坍沒銀壹錢肆分陸釐實徵銀柒拾貳兩伍
錢陸分玖釐叁毫柒絲捌忽肆塵貳渺伍漠加蠟
茶顏料時價銀壹拾柒兩貳分柒釐玖絲伍忽陸
微貳塵伍渺除坍沒銀肆錢肆分柒釐實徵銀壹
拾伍兩伍錢肆分柒釐捌毫壹絲壹忽捌微柒塵
伍渺藥材時價銀叁錢壹分壹釐肆毫捌忽叁微
伍塵柒渺壹漠肆埃貳纖玖沙除坍沒銀捌釐實

徵銀叁錢叁釐肆毫捌忽叁微伍塵柒渺壹漠貳
纖玖沙加匠班銀玖兩玖錢柒分貳釐除坍没銀
貳錢柒分壹釐實徵銀玖兩柒錢壹釐加零積餘
米改徵銀壹錢壹分貳釐貳毫叁絲貳忽玖塵玖
渺通共
實徵銀壹萬肆百玖拾兩柒錢柒釐玖毫玖絲玖忽
叁纖叁渺陸漠肆埃貳纖玖沙
共徵米貳百石壹斗壹升捌合柒勺陸抄壹撮陸圭
壹粒貳黍除坍没米伍石叁斗捌升肆勺壹抄捌

撮捌圭壹粟實徵米壹百玖拾肆石柒斗叁升捌

合叁勺肆抄貳撮柒圭玖粟壹粒貳黍　内除零

積餘米壹斗壹升貳合貳勺叁抄貳撮玖粟玖粒

除坍沒米叁合實徵米壹斗玖合貳勺叁抄貳撮

玖粟玖粒

實徵米貳百石陸合伍勺貳抄玖撮伍圭貳粒貳黍

除坍沒米伍石叁斗柒升柒合肆勺壹抄捌撮捌

圭壹粟實徵米壹百玖拾肆石陸斗貳升玖合壹

勺壹抄陸圭玖粟貳粒貳黍每石改徵銀壹兩貳錢

外賦入地丁科徵本縣課鈔銀玖拾玖兩陸錢陸分叁釐肆毫肆絲係隨糧帶徵卽在地丁編徵之內又外賦不入地丁科徵薦新芽茶折價肆錢捌分

已上地丁漕米及各款併外賦通共實徵銀壹萬肆百玖拾壹兩壹錢捌分柒釐玖毫玖絲玖忽叁微叁渺陸漠肆埃貳纖玖沙　除坍沒銀貳百捌拾伍兩叁錢柒分叁釐貳毫玖絲陸忽叁微捌塵伍渺　實徵銀壹萬貳百伍兩捌錢壹分肆釐柒毫

肆忽玖微壹塵捌渺陸漠肆埃貳纖玖沙
遇閏加銀貳百玖拾兩肆錢捌分貳釐伍毫貳絲
肆忽貳微肆塵肆渺陸漠貳埃捌纖肆沙　加閏
米壹拾伍石捌斗肆升叁合除坍沒米肆斗貳升
伍合玖勺　實徵米壹拾伍石肆斗壹升柒合壹
勺　又驛站新加銀貳拾兩壹錢陸釐
通共加閏銀叁百壹拾兩伍錢捌分捌釐伍毫貳絲
肆忽貳微肆塵肆渺陸漠貳埃捌纖肆沙　除坍
沒銀捌兩肆錢肆分捌　實徵銀叁百貳兩壹錢

肆分伍毫貳絲肆忽貳微肆塵肆渺陸漠貳埃捌

纖肆沙内　起運地丁銀貳百貳拾兩玖錢捌分

伍釐肆毫柒絲肆忽貳微肆塵肆渺陸漠貳埃捌

纖肆沙

起運

治人者食於人惟正之供所當輸也然起運不一

有戸禮工各部欵項有舊編存留裁扣解部及留

克兵餉改入解運等項悉照全書臚列彙解藩司

以昭賦式之正

[illegible]

本色顏料併加增時價及鋪墊損解路費共銀肆拾陸兩柒錢貳釐肆毫柒絲貳忽叁微

改折顏料併加增時價及鋪墊損解路費共銀壹百壹兩肆錢柒分貳釐陸毫捌絲伍忽柒塵伍渺

本色蠟茶併加增時價共銀捌兩貳錢貳分陸釐柒毫肆絲壹忽叁微柒塵伍渺

折色黃蠟併加增時價及路費共銀貳拾叁兩捌錢肆分叁釐伍毫伍絲肆忽壹微伍塵伍渺

折色牙茶併加增時價及路費共銀伍兩叁錢壹分
捌釐玖毫壹絲壹忽貳微叁塵柒渺伍漠
折色葉茶併加增時價及路費共銀叁兩伍分伍釐
捌毫壹絲捌忽壹微貳塵伍渺
已上顏料蠟茶銀壹百捌拾捌兩陸錢貳分壹毫捌
絲貳忽貳微陸塵柒渺伍漠除坍沒銀壹兩玖錢
柒分捌釐
實徵銀壹百捌拾陸兩陸錢肆分貳釐壹毫捌絲貳
忽貳微陸塵柒渺伍漠

功包併路費共銀壹千捌百玖拾貳兩伍錢叁分柒
釐肆毫捌絲柒微叁塵伍渺貳漠肆埃叁纖貳沙
漸陞共銀柒錢肆分貳釐貳毫陸絲壹忽貳微叁塵

禮部項下

鷹新芽茶折價併路費銀貳兩肆錢捌分
茯苓併津貼路費銀壹錢伍分陸釐伍毫叁忽玖微
柒塵伍渺貳漠壹埃柒纖壹沙
改折藥材併加增時價及津貼路費共銀陸錢伍分
壹毫壹絲肆忽叁微捌塵壹渺玖漠貳埃伍纖捌

沙其丗後銀捌釐歸於起運地丁項下免征捌案
款每年仍解原數不入原徵科則於地丁項下每
兩科加捌毫柒絲入由单須發征輸另款解司彙
克餉用
折色併路費銀捌拾壹兩貳錢玖分柒釐貳毫肆絲
捌忽
工部戸下
折色併路費銀捌百壹拾兩柒錢陸分肆釐肆毫捌
絲柒微玖塵壹渺

匠班銀玖兩玖錢柒分貳毫
戶部舊編裁扣併部項下
順治九年裁雜項銀併路費共貳百陸拾伍兩陸錢貳分陸釐伍毫陸絲壹忽柒微壹塵肆渺柒漠伍埃陸纖捌沙
又續裁銀貳百貳拾壹兩陸錢
順治十二年裁傘扇銀捌兩
順治十三年漕運月糧叁分撥還軍儲銀貳百壹兩貳錢柒分柒釐壹絲叁忽陸微肆塵伍渺肆漠

順治拾肆年裁雜項銀貳百叁兩貳分叁釐

又裁膳夫銀肆拾兩

又裁里馬銀捌兩

順治拾伍年裁優免銀貳百伍兩壹錢伍分壹釐捌毫

順治拾陸年裁官經費銀伍拾柒兩玖錢貳分

康熙元年裁吏書工食銀柒拾捌兩

又裁歲考心紅等銀肆兩玖釐伍毫

康熙貳年裁庫學書工食銀壹拾玖兩貳錢

康熙叁年裁齋夫銀叁拾陸兩

又裁訓導門子銀柒兩貳錢

康熙捌年裁驛站銀玖兩玖錢叁毫陸絲叁忽

康熙拾肆年裁雜項銀壹百壹拾伍兩貳錢捌分捌

釐肆毫叁忽

又續裁銀肆拾伍兩柒錢貳分柒釐捌絲柒忽

康熙拾伍年裁雜項銀壹拾柒兩伍錢伍分貳釐貳

毫

康熙拾陸年裁雜項銀壹拾壹兩叁錢陸分

康熙貳拾柒年裁歲貢赴京路費銀叁拾叁兩肆錢
貳分
又裁雜項銀伍拾貳兩伍錢捌分肆釐玖毫伍絲
貳忽
康熙叁拾壹年裁驛站銀貳百壹拾玖兩伍錢肆分
貳釐捌毫捌絲壹忽肆微玖塵
康熙伍拾陸年裁表箋銀貳兩柒分陸釐伍毫
雍正叁年裁憲書紙料銀陸兩陸錢捌分肆釐叁毫
叁絲陸忽

雍正陸年裁燈夫銀貳拾肆兩

雍正拾貳年裁民壯工食銀壹百伍拾陸兩

乾隆捌年裁民壯工食銀肆拾貳兩

乾隆拾貳年裁民壯工食銀叁拾兩

乾隆叁拾伍年裁棘蘭公館弓兵工食銀貳拾兩

留充兵餉改起運項下

田地山銀陸百玖拾叁兩肆錢壹分柒釐玖毫玖

絲貳忽

兵餉銀貳千陸百貳拾貳兩肆錢壹分捌釐肆毫捌

絲陸忽壹微貳塵

糧道項下

淺船料銀壹百捌拾壹兩肆錢叁分柒釐伍毫

除坍沒銀肆兩玖錢叁分伍釐　實徵銀壹百柒拾陸兩伍錢貳釐伍毫

貢具銀貳拾捌兩陸錢捌分貳釐柒毫捌絲陸忽柒微捌塵　除坍沒銀柒錢捌分　實徵銀貳拾柒兩玖錢貳釐柒毫捌絲陸忽柒微捌塵

除坍沒銀柒錢捌分　實徵銀貳拾柒兩玖錢貳

釐柒毫捌絲陸忽柒微捌塵
月糧柒分給軍銀肆百陸拾玖兩陸錢肆分陸釐叁
毫陸絲伍忽壹微柒塵貳渺陸漠　除坍沒銀壹
拾貳兩柒錢柒分伍釐　實徵銀肆百伍拾陸兩
捌錢柒分壹釐叁毫陸絲伍忽壹微柒塵貳渺陸漠
已上共漕運銀陸百柒拾玖兩柒錢陸分陸釐陸毫
伍絲壹忽玖微伍塵貳渺陸漠　除坍沒銀壹拾
捌兩肆錢玖分　實徵銀陸百陸拾壹兩貳錢柒
分陸釐陸毫伍絲壹忽玖微伍塵貳渺陸漠

布政司存留項下

解戶役銀叁拾兩

戰船民六料銀貳拾叁兩捌錢伍分

以上遇閏共加銀貳百肆拾陸兩玖錢叁分捌釐伍

毫柒絲肆忽貳微肆塵肆渺陸漠貳埃捌纖肆沙

存留

存留項下官俸役糈祭祀賑卹皆出地丁支給

亦仍照全書名目開載經費定額併附加閏於

下

[illegible]

[illegible]發六錢[illegible]貳[illegible]錢[illegible]

又[illegible]香燭錢壹[illegible]陸錢

關聖[illegible]廟[illegible]錢[illegible]

[illegible]

拜賀[illegible]儀香燭錢肆錢柒分

迎春芒神土牛春酒銀貳兩

本縣經費項下

知縣俸銀肆拾伍兩

門子工食銀壹拾貳兩
皂隸工食銀玖拾陸兩
馬快工食并置械銀壹百叁拾肆兩肆錢
民壯工食銀柒拾貳兩
禁卒工食銀肆拾捌兩
轎傘扇夫工食銀肆拾貳兩
庫子工食銀貳拾肆兩
斗級工食銀貳拾肆兩
巡鹽應捕工食銀叁拾陸兩

看守公署門子工食銀陸两

舖司工食銀玖拾玖两

通濟橋夫工食并修橋銀肆拾肆两以上工食俱加閏

孤貧口糧柴布銀捌拾肆两

四糧銀叁拾陸两

典史經費項下

典史俸銀叁拾壹两伍錢貳分

門子工食銀陸两

皂隸工食銀貳拾肆两

馬夫工食銀陸兩以上工食俱加閏

儒學經費項下

諭訓俸銀共捌拾兩

齋夫工食銀叁拾陸兩

膳夫工食銀肆拾兩

廪糧銀陸拾肆兩

門子工食銀壹拾肆兩肆錢以上工食俱加閏

鄉飲酒禮銀陸兩

府縣歲貢旗匾銀伍兩肆錢

縣生員科舉路費銀叁拾伍兩貳錢捌分壹毫貳絲
捌忽
府生員科舉路費銀陸兩
會試舉人花紅銀叁兩伍錢貳毫捌絲
以上遇閏共加銀陸拾叁兩陸錢肆分玖釐玖毫伍
絲
外賦
學租銀壹拾陸兩陸錢叁分每年徵輸解司轉給學院賑給貧生之用
牙稅銀肆錢下則牙戶壹名每名徵銀肆錢該徵前數另款解司充餉

契稅每買產銀壹兩徵稅銀叁分

牛稅每兩徵稅銀叁分

雜稅徵稅不等以上契牛雜稅三欵歲無定額每年儘收儘解造報題銷另欵解司充餉

蠲恤

蠲免賑恤王者之盛典我

朝

列聖相承鴻恩稠疊誠曠古所未有也舊志缺載今查檔案補入以見慶民沾被深洪奕世不忘云

順治朝　二年六月奉

恩詔地丁錢粮鹽課俱照前朝會計錄原額徵解凡加派
遼餉練餉名買等項永行蠲免即正額錢粮以前拖
欠在民者亦盡蠲免嗣後歷奉蠲免積年拖欠五年
十一月奉
恩詔民七十以上者許一丁侍養免其雜泛差徭八十以
上給與絹一疋綿一斤米一石肉十斤九十以上者
倍之十四年三月奉
恩詔貧民失業流落地方官賑恤全活至五百人以上者
紀錄千人以上者題請加級其鄉宦富民尚義出粟

全活貧民百人以上者地方官核實具奏分別旌勸

十八年正月奉

恩賞老民如五年例

康熙朝 十年奉

恩旨以虫災蠲免粮餉銀一千四百二十七兩有奇二十

三年九月奉

恩詔用兵以來供應繁苦宜加恩恤二十四年所運漕粮

免三分之一又十三年至二十二年拖欠漕項錢粮

每年帶徵一半以免小民一時並徵之累二十六年

恩詔十三年以後加增者其雜稅亦照舊免二十七年十
五月奉
月奉
恩詔二十八年地丁錢糧俱著蠲免民年七十八十九十
以上者給與絹緜米肉如順治十八年例三十年十
二月奉
上諭蠲免三十三年漕米四十二年三月
恩賞老民如二十七年例四十三年十月奉
上諭蠲免四十四年地丁四十七年四十八年五十年並

蠲免地丁銀如前數五十二年三月奉
上諭編審人丁但據康熙五十年丁册定爲常額續增人
丁永不加賦又給賞老民如四十二年例六十一年
亦如之

雍正朝　元年八月
恩賞老民如制七年十月奉
上諭本年額徵地丁屯餉錢粮蠲免十分之二十三年九
月十一日叠奉
恩詔給賞老民如康熙六十一年例

乾隆朝　十年正月奉

上諭蠲免十二年地丁錢糧二十五年正月奉

上諭蠲免三十七年地丁錢糧四十二年正月奉

上諭蠲免四十四年地丁錢糧五十五年正月奉

恩詔蠲免五十八年地丁錢糧六十年二月十五日奉

上諭蠲免五十八年以前節年積欠正耗十月初八日奉

上諭蠲免嘉慶元年地丁錢糧

嘉慶朝　元年　月奉

恩詔民七十以上者賜九品頂帶九十以上者七品頂帶

其餘絹綿米肉如康熙五十二年例十四年正月奉

恩賞老民查照元年例二十四年正月奉

上諭蠲免二十三年以前各省節年民欠正耗

恩賞老民如十四年例二十五年十月奉

恩詔查道光元年境內耆老年歲相符分別給與品級頂

帶如二十四年例

知慶元縣事吳綸彰重修

學校志

學宫　位次　祭器　樂器　舞器
樂章　宸翰　讀訓　書籍　名宦
鄉賢　學田　書院　義學　射圃

古之教者家有塾黨有庠術有序既闢其地以居之又立之師以範之夫是以教成於上而澤流無窮也宋慶歷間詔天下州縣皆立學而慶之學始剏建於嘉泰之初嗣後遞修遞葺更張不一書院有志義塾

有書課士有期養士有膳凡學校中所應有者無不
纖悉具備我
國家興賢育士遠超漢唐
天翰宸章以時訓飭爾多士躬逢
盛世漸被濯磨當身體力行毋自失爲學校中人可也

志學校

學宮

宮有殿廡聖靈棲焉墻高數仞禮器存焉廟貌
偉然聖座巍然賢邑宰入廟思敬固宜其丹雘

類加有修無已也

先師殿縣東豐山門外南向凡三楹前作三增

露臺正殿前

兩廡各五間

戟門凡九間

泮池戟門前

櫺星門泮池前

屏門左右爲德配天地門道貫古今牌坊

崇聖祠正殿後

名宦祠戟門左
鄉賢祠戟門右
土地祠戟門左
明倫堂正殿左朱晦翁書額
登雲橋明倫堂前橋下爲池
道義門凡五楹登雲橋前
儒學門凡五間道義門前
忠孝祠明倫堂左
訓導宅明倫堂下左側康熙四年訓導周之翰建今廢遷入城内詳見衙署

儒學舊在縣北濟川上村宋慶元三年令富嘉謀建宋元時燬洪武十四年知縣董大本改建於就日門外三十一年知縣羅士勉教諭宋觀建戟門兩廡櫺星門天順二年知縣張宣以地臨溪澗齋舍下濕復遷濟田故址鄭師陳有記見藝文成化十年知縣余康建尊經閣嘉靖十年知縣鄭舉奉建啓聖祠於明倫堂後建敬一箴亭於啓聖祠東二十五年築城學在城外阻二澗水師生登謁稱艱隆慶二年知縣彭适教諭顧翼高生員吳述等議改爲便上其事司府報可嗣任知

縣朱帯乃遷縣治東係總舖典史宅中倉舊址郡人何鏜有記見藝文萬歷二十一年知縣周道長重修四十二年知縣郭際美見明堂陿隘屏墻外排列店房殊不壯觀捐俸三十兩復將生員陳夢霈新墾田租三百二把附科便與衍慶等店基十二間開拓明堂左右竪儲儁青英二坊崇正三年知縣陳國璧教諭胡若宏訓導賈應忠議遷上請改建今址捐俸買葉應遇張元卿地不足更以萬壽庵右空地益之胡若宏有記見藝文順治十二年教諭駱起明建露臺於殿前康熙二一年知縣高嶙鑿頖

池於戟門外環築墻九十丈餘四年知縣程繼伊捐
俸修正殿九年復建東西二坊十一年訓導戚光朝
修櫺星三門五十六年知縣王開泰增葺雍正五年
知縣徐義麟教諭孫之騄重建明倫堂徐義麟有記見藝文乾
隆三十七年知縣唐若瀛捐俸重修嘉慶十三年大
水週圍墻垣冲塌廟宇傾欹十七年知縣鳴山倡修
內外煥然一新

位次

三千七十之班名行著矣其後攀龍附鳳或見

知或聞知能闡揚道德表章聖學薪傳賴以不墜者亦得以次相附蓋尊之有名受之無愧云

爾

先師殿

孔子正位

四配

復聖顏子　述聖子思子

宗聖曾子　亞聖孟子

十二哲

閔子損　冉子雍　端木子賜　仲子由
卜子商　有子若乾隆三年陞
冉子耕　宰子予　冉子求　言子偃
顓孫子師　朱子熹康熙五十一年陞配
東廡先賢乾隆十八年奉文更定
蘧瑗　澹臺滅明　原憲　南宮适
商瞿　漆雕開　司馬耕　梁鱣
冉孺　伯虔　冉季　漆雕徒父
漆雕哆　公西赤　任不齊　公良孺

公肩定　鄡單　罕父黑　榮旂
左人郢　鄭國　元亢　廉潔
叔仲會　公西輿如　邽巽　陳亢
琴張　步叔乘　秦非　顏噲
顏何　縣亶　樂正克　萬章
周敦頤　程顥　邵雍

西廡先賢

林放　宓不齊　公治長　公晳哀
高柴　樊須　商澤　巫馬施

顔辛　曹卹　公孫龍　秦商
顔高　壤駟赤　石作蜀　公夏首
后處　奚容蒧　顔祖　句井疆
秦祖　縣成　公祖句兹　燕伋
樂欬　狄黑　孔忠　公西蒧
顔之僕　施之常　申棖　左邱明
秦冉　牧皮　公都子　公孫丑
張載　程顥

東廡先儒

公羊高　伏勝　董仲舒　后蒼

杜子春　諸葛亮　王通　陸贄

范仲淹　歐陽修　楊時　羅從彥

李侗　呂祖謙　蔡沈　陳淳

魏了翁　王栢　趙復　許謙

吳澄　胡居仁　王守仁　羅欽順

黄道周　湯斌

西廡先儒

穀梁赤　高堂生　孔安國　毛萇

鄭康成　范甯　韓愈　胡瑗

司馬光　尹焞　胡安國　張栻

陸九淵　黃榦　眞德秀　何基

陳澔　金履祥　許衡　薛瑄

陳獻章　蔡清　吕坤　孫奇逢

劉宗周　陸隴其

崇聖祠雍正元年增封孔氏五世皆爲王爵改稱崇聖祠

肇聖王

裕聖王

詒聖王

昌聖王

啓聖王

配享

顏路　曾點　孔鯉　孟孫氏

從祀

程珦　朱松　蔡元定　周輔成

張廸

祭噐樂噐

先師孔子萬古一人也禮樂不脩不可以祭然籩豆

有等佾舞有數禮志所載已詳兹但於學中所

現存者脩而録之以俾祭祀時有所考焉

祭器俱雍正八年學憲李公清植頒發之器

香鼎正殿巨鼎一

銅錫爵三十六

錫登一

錫鉶二十四

錫簠二十六

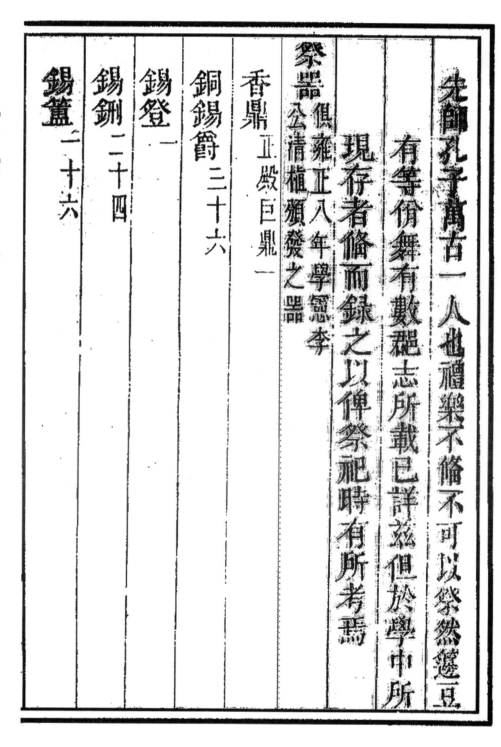

錫盞一十六
錫壺鐏五并錫杓六
錫雲雷鐏一
錫籩八十四
錫豆八十四
中錫香爐五
中錫燭臺五對
小錫香爐一十二
小錫燭臺一十二對

錫𧓨旒一對

樂器

琴四張并絃

瑟二張并絃

簫四管并掛綫

笛四管并掛綫

笙四攢并掛綫

塤二箇并匣

篪二管并掛綫

鳳簫二排

搏拊二面

柷一座

敔一座

楹鼓一面

銅磬一十六懸并架

銅鐘一十六懸并架

舞器

舞杆并金龍首䌫尾

翟籥二十四副

麾旛絳緞金龍旛一首并
旛金龍首竿鐓一枚
飾二一枝并金節
首珠鐓二一枝

樂章

春季　夾鐘爲宫倍應鐘起調

秋季　南吕爲宫仲吕起調

迎神　咸平

大哉孔子先覺先知與天地參萬世之師祥徵麟紱韵

答金絲日月旣揭乾坤清夷

初獻　寧平

予懷明德玉振金聲生民未有展也大成爼豆千古春
秋上丁清酒既載其香始升
亞獻　安平
式禮莫愆升堂再獻響協鼖鏞誠孚罍甗肅肅雍雍譽
髦斯彥禮陶樂淑相觀而善
終獻　景平
自古在昔先民有作皮弁祭菜於論思樂惟天牖民惟
聖時若彝倫攸叙至今木鐸
徹饌　咸平

先師有年祭則受福四海黌宮疇敢不肅禮成告徹毋
疏毋瀆樂所自生中原有菽

送神　咸平

鳧繹峩峩洙泗洋洋景行行止流澤無疆聿昭祀事祀
事孔明化我蒸民育我膠庠

宸翰

先師殿額

聖祖仁皇帝御書　萬世師表

世宗憲皇帝御書　生民未有

高宗純皇帝御書　與天地參
仁宗睿皇帝御書　聖集大成
今上御書　聖協時中
謨訓
順治九年禮部題奉
欽依刊立卧碑置於明倫堂之左曉示生員
康熙四十二年
御製訓飭士子文頒行直省各學
雍正三年覆准士子誦習必早聞正論俾德性堅

定將

聖諭廣訓萬年論

御製朋黨論頒發各省學政刊刻印刷齎送各學令司鐸

之員朔望宣誦

乾隆五年十一月

頒發論旨訓飭士子勒石學宫

乾隆二十四年十二月初五日内閣奉璽正文體

上論錄懸學政公署并各府州縣學明倫堂

頒貯書籍

御纂周易折中
欽定書經傳說
詩經傳說
春秋傳說
御製性理精義
御纂朱子全書
以上綾套書一箱凡六部十七套共一百一十三
本布套書一箱數並同前
欽定四書文

學政全書
御製盛京賦
册結式
明史
御批通鑑綱目
列祖列宗聖訓
上諭
御批資治綱目續編
平定金川碑摹

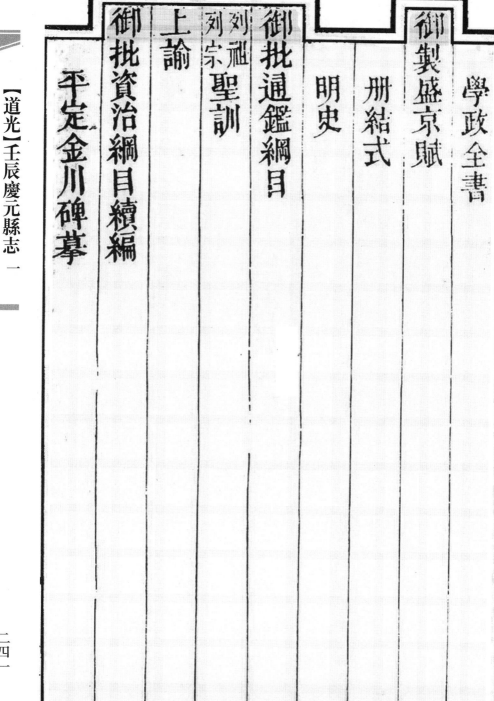

續增學政全書

御製平準噶爾碑摹

樂善堂全集定本

欽定鄉會墨

平定回部　大學告成碑文

御纂周易述義

詩經折中

春秋直解

小學孝經忠經

文武相見儀注

禮樂祭器圖考

御製朋黨論

洪範注

上諭

平定青海碑文

上諭定例

學宮儀物撮要

聖朝訓士典謨

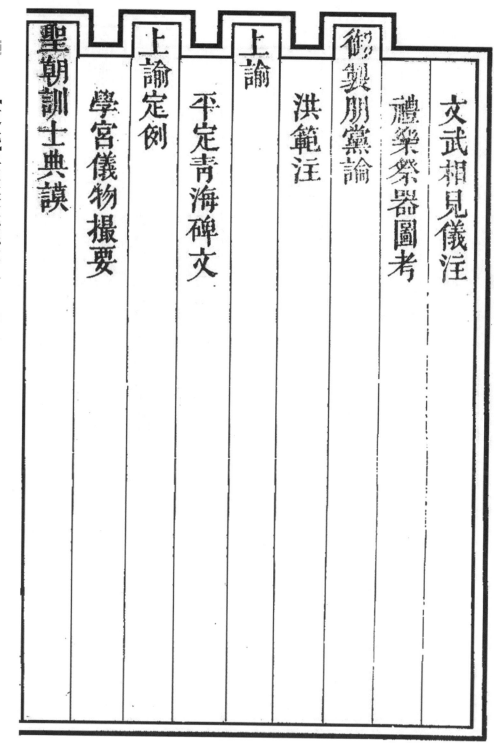

聖朝訓士典謨碑
御製詩文集
文職武食俸　廉章程例册
聚珍板第一單書計十種
聚珍板程式
儀禮識誤
易象意言
嶺表錄異
鄴中記

浩然齋雅談
澗泉日記
歲寒堂詩話
老子道德經
茶山集
御製詩三集
平定金川滿漢碑摹
聚珍版第二單書計十種
農桑輯要

海島算經

夏侯陽算經

傅子

絜齋毛詩經筵講義

帝範

禹貢指南

漢官舊儀

甕牖閒評

拙軒集

御製擬白居易新樂府

新頒學政全書

御論

欽定文廟樂譜

御製補笙詩樂譜

臨雍

御論二篇

西魏書

丁憂起復則例

名宦鄉賢

先儒以下有能著治績明經義以自表見者是亦聖人之徒也馨香俎豆垂之不朽矣第自分慶以來入名宦者四人入鄉賢者僅二人外如王子應麟著述甚夥氷鑑如神光光史册乃不與焉非鉠典歟用附數言記輿論也

名宦

富嘉謀宋令　曾壽　楊芝瑞　沈維龍俱明知縣

范承謨　朱昌祥俱巡撫

徐本大學士

郭世隆　李衛俱總督

鄉賢

吳競宋處州通判　吳楓宋嘉興知縣

學田

府志云學之有田所以供士課脩修葺也今慶之田類多隱沒前人遺愛後人不得蒙庥惟望司鐸者釐而正之毋使實去名存則善矣

明隆慶三年遷學邑人吳道揆督建仍入所買吳姓八七都桃坑田計鄉租肆百陸拾壹把郎捌拾叁碩叁斗

稅叁拾陸畝叁釐壹毫零遞年輸糧外納貯剩銀於縣

庫以脩修葺田坐處下龔捌拾陸把門下秧地及魚塘共壹拾把前洋兒壹拾柒把毛桃坳濟面叁拾陸把八畝頭壹拾壹把崁山陸拾把南龔壹拾柒把毛桃坳貳拾捌把茶園上分叁拾壹把岩頭倉基及塘兒共肆把水碓內合得壹把醮坵陸拾貳把濟面段內合壹拾貳把三坑三十兒捌把三過兒陸把三坑屋後五把排兒新田合貳把茶園下分叁拾壹把嶺根龔貳拾把廟前壹拾把庵嶺尾叁把墓巒貳把水碓內合壹把

隆慶四年邑人吳安慶入所買寺田貳拾捌碩叁斗已田捌石壹斗五升俱屬九都陳龍溪計稅壹拾畝遞年輸納外貯納本學以供月課茶餅等費並册記查門前中頭

二坵五斗中坂郎門前六坵玖斗處下門前碶地七坵叁石五斗塘園桑坵倉基及糞房四坵壹石二斗山塢郎門前上半一十玖坵壹石捌斗半溪亭九坵貳石五斗處下田一坵壹石半山崗十四坵壹石叁斗楓樹後郎雙溪口五坵五斗五升竹林下郎黃泥坵三坵壹石門前竹林下九坵柒斗五升門前磚內二十一坵壹石四斗雙溪口龍井坑二坵貳斗沙糖崗四坵壹石七斗半溪柴鋪一十坵壹石叁斗攊子坑中半分五坵貳斗陂後嶺三坵柒斗若洋坑七坵貳石金家門前郎黃泥坵一坵陸斗五升雙溪口捌坵五斗五升雙溪口郎門前三坵五斗高漈十四坵五斗田邊十六坵壹石五斗油皂樹下入坵貳石貳斗雙溪口柒坵壹斗金荆埠頭十坵壹石柒斗柴鋪十坵壹石貳斗徐岡底二坵壹石貳斗下岱掘貳坵五斗石臼岱坳四坵捌斗五升月坳九坵六斗月坳九坵肆斗田邊七坵五斗魚膠共十三坵壹石

萬歷五年邑人周時晃入所買十一都三圖槐源寺田

貳百肆拾壹碩陸斗除先年山崩荒蕪外實租貳百貳拾柒碩陸斗稅壹頃捌畝叁分玖釐原貯竹口公館爲本學濟貧月課等費申請支給

師姑塢郎處後山叁石中心塢貳石五斗外山叁石五斗高山前四石高底崗玖石柒斗降弓壪壹石五斗高畲礱五石勾穡柒石菱塘肆石高山際五斗鄭基岡貳石高坂磜郎烏木畬肆石玖斗高山突壹石高山十壹石麻竹塢叁石高山貳石旱塢叁石東心塢肆石五斗烏木畬肆石五斗處隨貳石高山下貳石五斗凹下貳石五斗凹岡叁石東庄五石五斗十五墪五石五斗高山叁石高際郎壇腰壹石五斗坳垢叁石東庄五石中心塢五石五斗新嶺頭壹石畲畜壪壹石十五墪陸石五斗高坑壹石高坑陸石坑長貳石麻川塢叁石勾穡柒石勾穡下郎高畲礱陸石麻昌塢肆石師姑塢壹石五斗壇衕五石五斗麻塢叁石麻車塢坤貳石五斗麻舊塢尾坳貳石

鄭塢岡壹石五斗壇頭嶺處前壹頭左斗東心塢貳石高山嶺邊捌斗高山漈下壹石又肆石直坂兒貳石麻竹塢陸石五斗高樹上柒石處前柒斗燒香崗肆石條隨岡叁石鸛鳥墘五斗下庄叁石五斗東庄後五石李七塢五石處隨叁石五斗苦楝樹壹石處前壹石東庄郎坳後五石五斗

萬歷三十六年邑人王繼滔入所買吳實上漈民田肆拾碩稅壹拾五畝零遞年除輸糧外餘入本學以備修葺橫塢低二段壹拾陸石橫塢口壹石五斗柿樹下壹石五斗麻車塢壹石五斗梅樹田貳石五斗葉塢處壇壹石五斗葉塢橫礱五石嶺上叁石五斗歸坂貳石橋頭貳石五斗庇窑坵貳石五斗

書院

松源書院在西隅興賢坊舊爲府館荒頹幾廢明知縣沈維龍以地僻肄業爲最幽命義民吳詔修

理額曰松源書院久廢

對峰書院在豐門山外文廟之左乾隆七年知縣鄒儒建又以公牘上郡守鄭東里撥天寧廢寺田一頃八十畝復買民田壹百陸拾五把爲諸生膏火之資五十年知縣王恒移建四都賣田并買民屋八值塘圍一所仍額曰松源書院記見藝文今兩院俱廢二址均墾作田嘉慶十七年知縣鳴山以明倫堂前道義門舊屋加造兩廊改爲松源書院堂懸陶澍羣英匾額二十三年知縣譚正坤以入官銀兩置買民田柒拾把佐諸生膏火碑豎明倫堂側記見藝文道光四年下管吳通金等捐田貳拾把土名平嶺頭計大小肆坵坐稅一畝六分爲書院膏火之需

育英莊城隍廟右康熙三年知縣程維伊建中祀文昌帝君堂前臨水架屋三楹後建樓一所工竣剔除鹽害碑下爲守莊者居焉每月朔望石邑弟子員課藝於其中童子亦得與試講學不倦如明道先生

故事復念慶士寒微資斧維艱往科多有不得入闈者捐俸買羅貴禍后田街尾塘園一所稅壹畝貳分又買吳攀桂東門外大坂洋亭兒下大租肆拾把又呂閣洋山口大租叁拾把計稅陸畝叁分遞年擇其厚者收貯本莊除祀支呂完糧外所逢科舉年算積餘羨若干槩給文士佐省試會試路費按人均分人士感激奕世不替云

儲英莊　城北程公橋首康熙九年知縣程維伊捐水俸買葉櫝然五都坂興橋頭大租肆拾肆把朱村湖大租貳拾陸把翁處下大租貳拾把周塢大租貳拾把馱坑大租貳拾把門前秧地叁把墓亭菴段內大租陸把山后大租壹拾把四畝頭大租陸把針工大租壹拾五把共計大租貳百把計稅壹拾陸畝遞年擇長厚者收貯除完糧外所有餘羨每科給文士佐省試會試資斧按人均分一如育英莊例後人附祀張公學書於育英莊祀程公於儲英莊今莊廢址存廻主合祀於育英莊之右而兩莊之田亦合收焉

後因年久弊生嘉慶十九年知縣呂璜按籍召佃釐清田段租額更定規條併捐廉壹百兩置買田五十把土名田壩下及三級埠坐稅肆畝五分添入育儲二庄爲士子賓興費因爲刊勒碑記令將詳府條册並田段租額附後記見藝文

一莊內田畝每年冬成收乾租叁百玖拾大把佃戶擔運縣倉內五都朱村共租貳百把離城較遠運食時官給脚價錢每把柒文永不增減

一每年三月初九暨冬至日祀張程兩前縣尹祭禮書請給銀叁兩備辦祭品品有常數必誠必潔屆期本縣拈香主祭科試壹等生員爲首事亦與祭焉禮成飲福

一每年上倉租穀至次春按二月中旬報價易紋銀貯庫逢鄉試之年赴試各生自詣儒學報明姓名至六月初十日爲止彙總移縣縣中將三年所積租銀提出拾兩留給鄉試武生餘銀按人數多寡均匀派分用庫平彈准對封標記各生到縣具領本縣親自按名給發勿假手胥吏致有剋扣

一各生有領銀而不進場者除丁憂病故不追外其

有藉稱中途患病半路阻風因事躭延不及入闈者
均應追繳貯庫并入下科應用倘上屆有自帶資斧
含混自行取追之累　一諸生有遺者仍補給其
及捐監入場者一概不准給領以示區別
一武生路費先期報學移縣派給悉照文生之例如
無武生進場所存銀兩仍并入下科租息勻攤應用
一拔貢生有赴　朝考者每科於租息提給式生路
費外再抽銀拾兩存俟選拔之年以資北上路費並路
文武生有中式舉人進京會試者酌給租息壹年以
助北上由縣中先行墊發來春易價歸欵此係詳內
所未議及今因諸生乞請而補載於此
一慶邑離省窵遠路費較多統計叁年租息爲數甯
屬無幾本縣現存庫平紋銀壹百兩寄交明經姚滿
之手托俟冬成置買田畝附入莊内以爲之倡所望
好義者源源捐助俾得經費裕如人才日盛則幸矣
一佃戶姓名田租坐落均已造冊詳　府有案今并
附列於后以垂久遠　一段土名蔡處下大小三坵
計乾租壹拾捌大把　一段土名駄坑墺九坵租貳拾

把又橋頭壩念肆坵租六把又中央洑一坵租肆把
計三段共乾租叁拾大把一段土名燕個坵租捌把
又土名四畝頭一坵租肆把二段共計乾租壹拾貳
大把一段土名直工大小九坵計乾租壹拾陸大把
一段土名山后一大坵計租九把又一土名沙坵一小
坵計租叁把二共乾租壹拾貳大把一段土名朱村
湖共三坵計乾租貳拾陸大把一段土名坝典橋頭
大小一十二坵計乾租陸拾五大把一段土名溪傍
洋大小三坵計乾租叁拾大把一段土名鉄爐坵一計
二坵又土名猪児坵計一坵共計乾租肆拾大把一
段小濟土名樟樹下一坵計乾拾五大把一段土名
平坵洋大小八坵租二十五把又土名樟樹一門大小
二十坵租二十五把二段共租一五十大租一段土
名鉄爐坵一坵計乾租[illegible]大租一段土名黄坳頭
大[illegible]共計五坵又土名洋[illegible]大小二坵[illegible]乾租
壹拾[illegible]大把一段又土名八[illegible]小孫坵計[illegible]貳拾
壹大[illegible]上十[illegible]租叁[illegible]大把五又[illegible]縣[illegible]瑞
壩[illegible]大[illegible]十名[illegible]下一[illegible]貳拾[illegible]又二[illegible]

一坵租叁拾把共計乾租五拾大把又嘉慶二十[illegible]年知縣孫榮續將二都王泉發庵田租斷歸入育[illegible]英庄爲士子貢與之資一段土名洋上計[illegible]折縣枋租柒把陸斗一段土名庵門墻內田七[illegible]又土名庵基田貳坵又土名五大保嶺上一小坵[illegible]嶺尾一小坵又土名道門灣二小坵共五段折縣枋租柒把五斗半一段土名椿杵嶺邊大小十六坵折折縣枋租玖把半一段土名潮坵坵大小坵折縣枋租壹拾壹把一段土名尾窑坵大小三坵折縣枋租貳把半一段土名西坑屋基塘頭大小五坵折縣枋壹把一段土名茶林根又名和尚坵折縣枋壹把半一段土名半山段內合租折縣枋壹把一段土名岐上段內合租折縣枋貳把半一段處下壪等段段內合租折縣枋壹把以上各段共計乾租叁拾柒把半

稅五畝壹分叁釐

儲賢莊在竹口知縣程維伊建

義學

桂香社學 縣東上倉。知縣縣勞銘彝率邑人吴鍾捐建，未竣，續知縣沈維龍命工完之。明萬歷二十七年邑人葉桂重建，今廢。

儒效社學 縣東隅。明嘉靖邑人葉楷以己地捐建，燬於寇，楷復建，今久廢。

興賢社學 縣西大平橋東，久廢。

濟川社學 下管。明萬歷元年里人吴尚敏捐資貿建，今廢。道光六年復建。

神童社學 九都竹口，久廢。

射圃 明萬歷五年知縣沈維龍議建，賣田舊學址，因賣田址爲演武場，議未定。萬歷二十一年知縣沈立敬勘擇北門外角門嶺田，前後臨溪，地勢寬平，上請以賣田演武場地給帖與邑人姚文焆對便角門嶺田爲演武場立射圃於府士子習射稱便四十六年學道蔡拔查詳覆崇正十四年知縣楊芝瑞改建演武場于𡍼歸橋下附建射圃於演武場東以角門出仍開壂入大平樓爲祭田

續捐育英儲英二莊田記

教諭　沈鏡源

慶邑處萬山中離省會神京窎遠凡士子赴鄉會試者

條嘗險阻往往艱於資斧前邑侯張、程　公倡設育英儲

英二莊清田租入切培育人才之計以儲

國家登崇俊良之遐意已深遠奈日久廢弛所入多被胥

吏侵漁以致寒士裹足不前科第寥寥良可慨也嘉慶

癸酉歲邑侯呂公承郡守涂淪莊先生命經理公費以

垂久遠爰按籍稽查履畝計稅得其租乾把凡三百有

九十去納課輓輸祀神費外每歲餘金勒爲成書藏之

官司復捐氷俸增置田租五十把嘉慶庚辰孫邑侯斷歸田租叁十七把計三載所入較前稍爲充裕今國學吳君塘捐入田租二十二把茂才吳君恒晶又捐入田租五十把呈縣備案以助公費二君之舉實足嘉惠士林心竊嘉之且卜其詩書裕後必有昌大其門者吾知善行既興人文亦振將自此賦鹿鳴宴瓊林者接踵而起步武前賢其澤孔長亦衆善士之功有足多焉余目覩盛事爰樂爲之記併爲之增議規條謹列於左 道光壬辰

國學吳塘願將所買八都下吳村土名衙下段內田租二十二把坐稅一畝九分八厘入有備二莊以[illegible]

賓興之費　庠生吳恒晶瀛將所買[illegible]門[illegible]田
上名犁坭坵田[illegible]四十把又捕兒村上名[illegible][illegible]
頭陂內田租十把共五十把坐落四
畝五分入育儲二莊以添賓興之費

以上育英儲英二莊共計實收大租五百肆拾元

把乾每年按照　呂王詳憲規條二月中旬撥價

易穀貯庫以待科舉之年總算給發再請更議

一是銀於六月初十日赴學報名公集核算三年租
入積銀若干　恩科減半由學移縣支領每名各
先給銀三兩以幫路費餘銀包封交科試一等中
誠實者二人攜帶至省俟三場畢後按名派給

一凡有在省生理或因官司未經報名鄉試廳便進
場者不准派給

一或有進頭場後實在患病不能終場及錯誤被貼
者准其派給若故意推托不入不准支領

一是銀議於八月十六畢塲後次日齊集公所照數派領分者不得遲延領者不准先支以昭公平
一帶銀舉子其難其慎如有遺失自應賠償公議另抽洋拾元以酬賫帶勞費不得逾數
一藩庫給發科舉銀兩務須邀齊各生一同協斗面領分散不得冒銷私領
以上數欵皆　呂主條規所未及今恐積久弊生因復公集議定願有志青雲者各自重自愛毋蹈前轍以不負捐助者之美意而垂永久是所深望焉時在道光壬辰冬至前三日記

慶元縣志卷之五

知慶元縣事吴綸彰重修

禋祀志

壇壝　廟祠　邱墓

禮有五經莫重於祭先聖前賢教垂萬世山川社稷養奠一方與夫建功樹德之徃哲以及捍災禦患之英靈並宜詳稽典故以昭肸蠁至施敬施哀俱資觀感周禮墓大夫隷春官雖非祀事亦是禮事故得以禮爲系而附諸其後志禋祀

壇壝

有人民斯有社稷靈沉血祭之祀振古如茲矣

我

朝設耕耤以祀先農載諸會典他如一都一里樹之

木以爲田主例無可書概不攔入

社稷壇　雲龍門外半里許歲以春秋二仲上戊日

陳主而祭右社左稷題主曰縣社縣稷之神各用

帛一羊一豕一爵三登一鉶二簠二簋二籩四豆

四帛色用黑無樂祭畢藏主於城隍廟

風雲雷雨山川壇　濟川門外一里歲以春秋二仲上巳日陳主而祭中為風雲雷雨右山川右城隍用幣七色白牲視社稷加二之一爵與鉶登簠簋籩豆亦如之無樂藏主亦同

先農壇　豐山門外雍正七年邑令李廷宋奉文置買耤田壇基共六畝九分照式建造正房三間奉先農神主中厲山氏左炎帝神農氏右后稷氏配房二間擡門一座中築壇高二尺一寸周方二丈五尺每年季春亥日致祭用羊一豕一爵三帛三

鉶一簠簋各二籩豆各四祭畢行耕耤禮知縣秉
耒凡九推典史執青箱播種農夫終畝歲以耕耤
所入易價備祭嘉慶二年知縣魏夔龍詳請重修十六年知縣鳴山復詳請修
邑厲壇　北郊外一里歲以清明中元十月朔致祭
先期二日告於城隍至期導城隍於壇無祀鬼神
位列壇下用羊三豕三果蔬各四米三石蒸飯祭
畢給散孤貧
廟祠
凡廟祠宜止依載在祀典者錄入然亦有名宦

鄉賢既祀學宮之右而或別立專祠者有子孫家此建爲一姓宗祠者僅以時代爲次附入至有祈年報賽崇奉香火相沿已久去之反嫌駭俗今採其祀之近於正者列之亦神道設教之意耳

先師廟規制詳學校志歲以春秋二仲月上丁日脩其祀事

正位祭器坐爵三獻爵三登一鉶二簠簋各二籩豆各十俎三篚一祝版雲雷罇帛香鼎小香爐各一大花瓶大小灼臺各二祭物用犢一羊一豕一

太羹一和羹二黍稷稻粱形鹽槀魚鹿脯棗栗榛菱芡黑餅白餅韭葅醓醢芹葅鹿醢菁葅兎醢筍葅魚醢脾析豚胉　配位祭器東西各用坐爵二獻爵三簠二簋二籩八豆八牲盤二篚一壺罇配哲共一帛二祭物東西各用羊一豕一和羹二黍二稻二形鹽槀魚鹿脯棗栗榛菱芡韭葅醓醢芹葅鹿醢菁葅兎醢筍葅魚醢　哲位祭器東西各用坐爵六獻爵三鉶六簠一簋一籩八豆八牲盤二篚一帛每位各一祭物東西各用羊一豕一黍

一稻一餘同配位　兩廡祭器東西共坐爵一百

二十九各獻爵三中壇各簠一簋一籩四豆四牲

盤二壺一鐏一帛一　邊壇每壇籩三豆三帛一　祭物

東西各羊三豕三中壇黍稻棗栗形鹽鹿脯韭菹

醓醢芹菹魚醢各邊壇菽黍稻栗魚醢餘並同中

壇

崇聖祠規制見學校志歲以春秋二仲上丁日致祭正位祭

器坐爵五獻爵三鉶五簠簋各二籩豆各八牲盤

二篚鐙尊帛各一祭物羊一豕一和羹五餘同

先師正位省黑餅白餅脯肝豚胎　配位祭器東
西各坐爵二獻爵三餘同兩廡祭物東西各羊一
豕一鉶羹一黍稷形鹽鹿脯稾魚棗韭菹醓醢芹
菹兔醢　從祀祭器坐爵東三西二獻爵各三簠
簋各一籩豆各三牲盤各二帛各一祭物東西各
羊一豕一鉶羹一黍稷形鹽稾魚韭菹菁菹
各官祠位文詳學校志祭用春秋二仲上丁日祭儀羊一豕
一籩豆各四祭文惟神昔莅兹土圖書周詳匡彼
民社德澤無疆今兹仲春秋謹
以牲醴潔情
告將何饗

鄉賢祠位次詳學校志祭儀同名宦祠祭文惟神鍾秀松源名高山斗爲國之楨流徽不朽尙饗

儒學土地祠詳學校志祭儀同鄉賢祠

文昌祠詳學校志祭期祭物同土地祠祭文帝德無疆始於孝友十七世身陰功積厚廼升於天奎文司斗慶邑奉帝明禋不朽烏紗龍袍相士入彀碧水青山爲帝之壽惟茲仲春秋薦以清酒鵠立胥臨雲騈抖擻尙饗

忠義孝友祠在學宮左雍正五年知縣李飛鯤奉文建立碑祠左歲春秋二仲上丁日致祭以忠節祀者三人宋吳兢吳樞明吳南明以尙義祀者九人明葉

仲儀吳彥恭周公泰吳克禮葉荷吳叔寅吳沛吳

道揆

國朝

吳昌興以孝友祀者明楊泮葉儼吳相季叔明

節孝祠在學宮右雍正五年知縣李飛鯤奉文建立坊門

外凡邑內節婦貞女題旌者咸祀之歲春秋上丁

後一日致祭共祀十四人姓氏備詳閨操不復臚列嘉慶十年

議敘州判姚鑾移建衙後有記見藝文

關帝廟豐山門內舊在縣治後順治五年燬十六年駐防遊

孳蓋永義重建康熙四年知縣程維伊捐奉買五都民田大租壹百五拾肆把計稅壹拾叁畝陸分五釐五毫永奉香燈竹野井頭肆拾陸把余村官倉後劉姓段內合租壹拾壹把朱村土名方坵劉姓段內合租壹拾陸把道堂下壹拾五把下毛攀壹拾肆把五過壹拾叁把橫棟門下貳拾肆把上源衕口九把坐頭兒陸把雍正三年更定歲五月十三及春秋仲月擇日致祭牲用大牢五年追封三世爲公爵曾祖光昭公祖裕昌公父成忠公祀於後殿九年知縣徐義麟遷建豐山門內乾隆四年知縣裴世賢重建後殿四十七年知縣王恒奉文

重修增建兩廡乾隆六十年知縣魏夔龍重修又嘉慶十六年知縣鳴山奉文重修

一在竹口公館之左康熙九年知縣程維伊建一在十一都上源村

城隍廟豐山門外洪武十六年知縣董大本建康熙二年知縣高嶙重建記見藝文乾隆四十一年知縣董暈縉重修道光三年知縣樂韶命邑人吳起元捐修歲春秋仲上丁後一日合祭於山川壇清明中元十月朔日主祭於邑厲壇知縣蒞任考績及水旱祈禱皆特設祭

縣土地祠縣儀門左嘉慶二十九年知縣邢受詢始用公

祭期與山川壇同日用羊一豕一菓五祭文惟神職司

陰令默理化機休咎應徵是皆是神某承乏

茲土奉神弗違茲當仲春秋用申祭告尚饗

拱瑞堂縣北二里文筆山下祀五顯神原廟在甚竹邑人何文

魁吳標請建於此並捐置田產爲住僧香燈口食

順治五年僧明光重修道光二年知縣樂韶撥出

田壹百柒拾貳把作育嬰堂經費給印簿二本以

垂永久祭期祭物如土地祠祭文惟神鍾天之秀受地之靈能澤

物產以祉民屯某奉承簡命涖茲山城惟茲

仲春秋敬潔明禋神靈如在永祐安寧尚饗

按以上廟祠皆春秋致祭内如土地祠自明迄今
朔望行香其德高而能降卑而不踰此正神也五
顯爲古祝融火神凡默理化機陰禦災患無不饗
應邑久奉爲正祀亦仍從舊志列之於右

廟

眞武廟雲龍門外 明萬歷二年建按眞武爲古元冥水神慶民比戸繪
像崇奉中堂以壓
回祿香火尤盛
東嶽廟四都黄堂岡下元延祐二年建四年邑人吳廸吉重
建明隆慶四年重修
神農廟九都黄壇

三官廟在石龍山明天啟間知縣樊鑑建詩見藝文

元壇廟石龍山嶺知縣樊鑑建今廢址存歲旱禱雨於此

博濟廟二都去縣東四十里宋紹興十二年建於三井龍潭上以祀龍神勅封靈潤惠侯咸淳三年加封福昌侯歲旱禱雨屢應今廢

吳判府廟二都西洋神姓吳生長此地覡術通神會鞭蛟遏水土人祀之一在蓋竹曰靈顯廟宋咸淳元年建一在周墩曰顯靈又名古樓道光乙酉年重修

馬眞仙廟四都坑西神五季時華亭人修煉於縣北之西

丈山丹成仙去詳見仙釋

梵公廟三都林後神二都人趙宋時於三都烏蜂山白日飛昇鄉人祀之詳見仙釋

白將軍廟九都竹口神姓白爲吳越王將閩越僭號白將兵討之因開此地死後常有白氣出沒土人祀之

隆安廟九都竹口明成化間建祀土神陳五官

護應馬氏眞人廟縣治東隅宋寶慶乙酉元年建至明間廢洪熙乙巳知縣羅仕勉重新廟宇宏治間廟門外回祿廟內佛像如故邑人姚璉欲捐[illegible]

奈有志未逮璉侄姚稷乃會社下捐建于正德丁丑工完立碑頌眞人之德而記之天啟辛酉又重建內外兩堂門爲馬氏行宮外懸無疆堂匾額歷年久遠兩堂傾頹嘉慶乙丑六班仙首吊租貯修內堂道光已丑又行吊租並閣邑勸捐重新建造無疆堂暨內外兩廊又建內外兩戲臺左右兩小廳并及三門大門外復建土地祠因工程浩大延未告竣邑人以準提閣久廢現有寺田貳拾柒段共租五百叁拾柒把半坐稅肆拾五畝叁分肆釐五毫議請撥入無疆堂並馬眞人廟遍年除中元追薦完粮外所餘租息以備兩堂修葺香燈之需道光十一年經首事公禀如請立案　一在四都滐上村歲旱禱雨輒應乾隆五十一年知縣趙域以能澤地產酬之

順濟陳氏十四夫人廟西門內康熙三年重修記見藝文乾

隆五十七年吳來儀等倡捐折下堂改造戲臺兩廊大門以及神廚道光五年仙首吊租增建後堂

平水王廟東隅後田神姓周名愷溫郡人南宋時顯靈封爲平水大王事見永嘉郡志

蕭元帥廟東隅後田嘉靖二年建嘉慶五年重修一在十一都黃畬村里人毛先華等建一在十二都黃塢村

馬侍郎廟東隅後田明天啓三年建一在柿兒村

東山廟九都竹口坣梁橋上　湖山廟在一都上管

徐夫人廟北門外巽正門邑令趙公璧夫人有德於民

百姓建祠祀之（詩見藝文嘉慶五年燬六年重修）

按以上各廟皆不在祀典奉真武以壓火災祀神農以禱疾病故並列之東嶽非封内山川禮不當祀然有其舉之莫敢廢也其餘諸廟或稱邑内土神或言鄰邦仙釋舊俗相沿雖無史冊可徵然皆前代著靈於此而今崇祀勿替至各鄉祈報香火尤盛而廟宇甚隘掌志者不復爲煩考兹列其大者如右

祠

知縣張公祠石龍山下明萬歷間爲知縣張學書立久燬

康熙三年附祀文昌祠

知縣樊公祠石龍山明天啓間爲知縣樊鑑立久廢今

附祀三官廟

知縣楊公祠太平門明崇正十五年建祀知縣楊芝

瑞嘉慶四年燬　十二年吊租復建

知縣程公祠程公橋首康熙九年建祀知縣程維伊今廢

附祀文昌祠

以上名宦專祠

義勇祠九都竹口明嘉靖二十四年爲義士吳元倫立今廢嘉慶十九年嗣孫吳粹圭等復建

皆義祠石龍街明嘉靖四十一年爲義士吳鳳鳴吳德中吳篪立今廢

以上二祠奉文追建其有各姓宗祠并附于後

吳文簡祠上管舉溪一在城西關明嘉靖間重建

姚光祿祠南門內上倉隆慶六年建

吳都巡祠坑橋

劉知新祠五都淳熙間建乾隆間重修

吳諫議祠一在下管大濟明隆慶間建一在三都坑井明萬歷間建

吳大理祠下管大濟宋初建元至正燬于寇康熙十二年嗣孫世臣等鼎建今地

周光祿祠二都周墩明嘉靖間建道光乙酉移建月山下東首

吳儀真祠二都底墅明宏治間建

王伯厚祠一在九都竹口一在十一都上源村

陳尚書祠九都竹口官倉後

葉提舉祠北門外潭頭嘉慶元年重修

季運使祠在城西隅

周希一祠東隅上倉乾隆辛酉年建

余恭一祠 城西門[illegible] 年建[illegible]

姚德七祠 上倉[illegible]嘉 慶十二年建

葉廷祥祠 城東隅

胡中銓祠 二都左溪

葉辛五祠 二都賢良

葉孝廉祠 後田上葉

葉德一祠 後田

吳知縣祠 六都芸洲

夏知縣祠 六都山根一在余地

范彥友祠 二都漈面

葉辛八祠 二都岩下

季承九祠 九都黄壇

毛均抱祠 二都青竹

吳崇五祠 二都河地

張萬四祠 二都黄沙

陳甲二祠 二都蔡川

胡思廣祠 七都呂潭

練[illegible]昌祠 二都杉[illegible]

黄時賜祠二都黄壇兒村
徐明椿祠黄壇兒村
范興福祠大岩村
甘文興祠二都半路村
范德二祠楊朗坑村
許朝議祠九都竹口
沈少尹祠九都黍鳥
周文十二祠後田嘉慶二十年建
沈文用祠九都崔家田

周維四祠石記岱村康熙四十五年建

范少三祠二都南洋乾隆二十八年建

胡伯八祠二都青竹

吳榮昌祠二都新村嘉慶十八年建

鄭氏宗祠二都水寨村嘉慶己酉建

胡正十一祠二都竹坪

張坤二祠城西隅

胡氏宗祠二都留香嘉慶十九年建

吳文齊祠二都官塘

沈因穩祠九都爐坑

吳榮顯祠二都新村嘉慶甲戌年建

葉辛七祠桃坑村

劉千九祠岩坑村

吳公全祠二都淤上村道光八年建

林誠七祠二都山柿北川村

葉辛三祠二都染賡坑

胡氏宗祠二都岱山根

吳伯二祠二都黃壇嘉慶庚午年建

吳丙五祠三都布板倉嘉慶庚午建
陳仁二祠二都南洋村嘉慶丁丑建
吳崇六祠二都洋邊
胡文泰祠二都東山后嘉慶己巳建
周瑛一祠二都岱根村道光癸未重建
陳香宗祠二都大洪村道光丙戌建
吳常四祠二都黄皮村道光辛卯建
以上鄉賢專祠
邱墓

人有立德立功立言者謂之三不朽邱墓之志

準此以斷舍是不與焉

給事中王應麟墓卽王伯厚在竹口水尾廻龍潭後

尚書陳嘉猷墓九都伏石嶺下

狀元劉知新墓五都慈照寺前山下

大理卿吳崇煦墓下晉大濟金釵山

知府吳轂墓下晉大濟

侍郎胡紘墓四都黄堂岡

御史吳錫墓四都缺坑

縣尹吳平墓上管蔡地塘均

主事吳杰墓下管大濟

縣丞姚大齡墓七都隆宫

知縣吳大豪墓十都潘岑山頭洋

縣丞吳南明墓七都隆宫

經歷季時芳墓七都小林源

訓導王錫俸墓魏溪上源

貞女葉養姑墓大濟坑兒彎

貞女吳淑姬墓安定橋上官陂頭山

推官吳澶墓下管大清

同知姚文焻墓五都慈照寺前

通判吳伯齡墓五都金村鋪

知縣吳子深墓上管官擇林

通判吳倬墓六都外桐

隱逸葉瑗墓縣東大銘寺後

義士葉仲儀墓四都坑西橫塢

主簿周班祿墓四都墓庵

萬戶葉國英墓魏溪李塢隴

孝子葉儼墓[illegible]

孝子季叔明墓七都中村

通判吳世顯墓廿二都楠山

知縣吳贊墓魏溪

鴻臚寺序班吳儒墓松溪岩下

通判林存中墓二都南辦

知縣吳伯儒墓十二都白渡口

同知吳禮墓十二都大澤路後

知縣周宗林墓九都上洋

節婦葉鮑氏墓四都瀆田
節婦周楊氏墓四都魏溪猪背坑
節婦姚季氏墓二都盖竹屋後爾
按經歷吳穆墓在松溪呂源村后
巡司吳衍慶墓十二都山頭鶻燕塢
孝子吳之英墓魏溪眠犬山
義士吳昌興墓四都墓菴嘴
義士吳來成墓周墩西遠山
義士吳來雍墓魏溪慈照寺后山

慶元縣志卷之六

知慶元縣事吳綸彰重修

武備志

關隘　兵制　紀事

慶邑山谿險隘地屬彈丸夷曠之區所在絶少殆非用武之地也然國之大事在祀與戎兵可千日不用不可一日不備舊志不叙兵制失之偏重茲從府志補入俾守土者揆文奮武各奉其職以期無忝云爾

志武備

關隘

慶三面距閩烏道菁峒雖內有城池全憑六隘以爲外蔽崇正間閩寇入境恃此無虞亦既有成效矣據險扼要一人守可萬人敵關隘之設不綦重哉

關

伏石關九都竹口距縣六十里

隘

石壁隘二都周墩距縣東八里

喜鵲隘二都縣東北十里
烏石隘三都縣西南十五里
西山隘四都縣西十里
馬蹄隘下管縣南八里
竈田隘六都縣北二十里
棘蘭隘八都縣北三十里
已上諸隘皆明崇正十四年知縣楊芝瑞重建又
捐俸置田於喜鵲隘有記見藝文　順治十八年知府周
茂源按慶見棘蘭地界松溪復建隘樓置兵巡禦

王益朋有記見藝文

角門隘五都縣北五里

石門隘十二都大濟縣北七十里

白鶴隘三都

巖洋隘三都

八爐隘二都縣東八十里

梅坳隘二都栗洋縣東北四十里

高山隘四都

遂塘隘九都縣北六十里

飯甑礱隘四都淥上縣北十五里

黄垓隘二都嶺頭縣東北六十里上下有壘二所原皆隸慶元因嘉靖年間丈田隘田隘壘俱爲景寧人所佔始分上屋屬景下屋屬慶其税糧累慶經年許告至萬歷四年守道王委本府同知陳勘驗轉委遂昌知縣黄景寧知縣林慶元知縣沈親至其地履詘會審越五日乃得其情斷糧輸慶民皆悅服立案可攷

兵制

設武備以戒不虞城守有職偵察有人咸照府志開錄列明制於前以今制續後以見我
朝措置之宜酌前代而加審云

明

弓兵　洪武三年韋縣治歲役弓兵三十六名以屬巡

檢司巡檢李領盤詰巡邏

教場　在縣舊儒學址下萬曆十一年知縣洗立敬以

其地近縣治遷建城北角門嶺頭崇正十四年知縣

楊芝瑞改建咏歸橋下附射圃於其旁

敵臺二　一在雲龍門外二里文筆山之下

一在十二都去縣北六十里大澤之隘

慶元縣民兵貳百六十名　内防守一百三十名鳥銃

二百三十名鳥銃係土著義勇領習不受直於官
歲徵餉銀七百二十兩
棘蘭巡簡司弓兵一十五名
國朝
慶元駐防左廳把總一員一年一調
外委一員　守舉溪汛一年一調
把總署在太平門内康熙四十九年文武公捐購買民房改建
營房四
敎場演武廳在雲龍門外溪北

小教場在濟川門外雲鶴山之麓

竹口教場先年處州千戶張傍建

軍器局在把總署左

慶元縣汛兵四十五名

竹口汛兵三十名　余地汛兵四名

安溪汛兵七名　舉溪汛

棘蘭汛兵五名　喜鵲汛

新窰汛兵八名　八都汛

明箬簗後汛兵十六名　白渡口汛

紀事

山陬僻壤之邦歷今數世人不識兵蓋寰宇之昇平久矣溯自明季以來揭竿有警伏莽時聞或邑宰之制變有方或鄉勇之聚義自保前事昭昭俱有可考今備紀之亦安不忘危之意爾

元

至正十五年山寇黄花自閩來燬縣剽掠而去

明

正統十四年己巳山賊龍岡九襲縣官兵討平之

九乘宣、勉之亂，率衆數百，懸鏡爲甲，臨陣輝耀，目人莫

與敵。時縣無城，賊因襲據縣治，縱火沿燒署舍。後投

陶得二等不納，歸爲官兵所覆，遂平。

嘉靖二十四年癸未，山賊吳主姑嘯聚千餘人，剽掠縣

民，騷動。知縣陳澤引兵邀擊于蓬塘，殲其衆，平之。

賊自號八先生，出入閩越，刼掠松浦間，得勝長驅景

慶、龍遂之墟，悉爲震駭。知縣陳澤引兵擊殺先鋒吳

元備，鼓勇先驅，獨斬數人，以大兵後至，遇害。繼衆至

併前賊衆，悉爲所斃。後論殺賊功，立祠祀元備，區曰

義勇

四十年閩廣流寇入境剽掠知縣馬汝舜禦之

賊衆二千餘人自松溪抵竹口刼掠甚慘聞縣有備

至龍泉大掠而去

四十一年庚申八月壽寧山寇劉大眼據縣後山縣丞

黄德輿引兵禦之

劉大眼率衆千餘人從山谷間出竹口轉掠裏和至

縣據後山爲巢縣丞黄德輿力戰斬數十級賊計窮

將走餓有邏寇自間道歸出我陣後夾攻官兵遂潰

死者甚衆義士吴得中吴鳳鳴吴鷹皆死事聞司府
下檄爲立祠祀之匾曰皆義
十二月劉大眼復寇縣訓導吴從周禦之
倭寇陷政和復圍松溪劉大眼意縣無備欲襲之一
晝夜奄至城下時訓導吴從周視篆率民固守越數
日兵備副使陳慶檄把總桂汝扳引兵七百來援賊
知大兵至且攻且追卒潰散逃去
崇正十四年辛巳十一月閩寇張其卿犯境知縣楊芝
瑞勦之

張其鄉大掠龍泉突至嘉鵠隘知縣楊之瑞統鄉兵
禦之賊退屯萬里林隨令舉溪廩生吳懋脩吳之鯤
率鄉勇搗其穴斬首百餘級賊遠遁
國朝
順治四年丁亥七月十九日闖賊雷時鳴犯縣執知縣
李肇勲總兵劉世昌平之
時建寧兵亂流犯慶元執知縣李肇勲殺其三子妻
自縊八月初一日鎮兵進勦賊夜遁民得安堵
五年戊子十月劉中藻同馮生舜等圍慶元官兵禦之

退

劉中藻福安人庚辰進士隆武委授在閩通賊作亂

踞福寧寧德一帶同馮生舜等圍慶元視篆教諭戴

雲程遊擊董承義棄城去城陷十一月初三日松溪

兵至斬首五百餘級民死亦百餘人自北門至縣治

前民屋盡燬明年丑月二十三日本府總兵劉世昌

遣兵防守民始安

六年己丑九月馮生舜攻縣殺千總李定國政和援兵

至遁去

生舜聚白頭數千寇縣李占國迎戰於下管茶搏箭
遇害遂攻城三晝夜知縣謝士登告急於政和縣援
兵至夜遁
八年辛卯五月山寇陳文喜作亂知縣鄭國位滅之
文喜聚眾千餘據百丈山剽掠村落搶奪婦女闔邑
震動里地白沙隆宮中村等處田地荒蕪知縣鄭國
位帶官兵從白沙進勦復令下管廩生吳玉眷吳銓
臣率隆宮鄉勇劉仰之陳布吳茂林等從山後夾攻
直搗其巢乃滅

十年癸巳七月閩寇李希賢葉付等刼竹口知縣鄭國
位平之
希賢仙槎八聚賊三千餘人剽掠竹口搜山緝縛一
百三十餘人到巢尉金知縣鄭國位親率鄉勇許光
彦吳春傑楊茂大等固守檄請府鎮官兵合勦賊聞
遁走
十月李希賢復掠上源等處鄉勇蔡來吉王明麟會衆
攻之去
希賢復聚賊六千餘據河源四散搶掠焚燒民屋一

十二都蔡來吉王明麟會十八都鄉勇合力分攻殺賊千餘乃滅

十一年甲午三月閩寇陸答掠二都九漈殺千總李尙才紅旗袁魁自刎於陣

十三年丙申四月賊首魏福賢余赤等焚刼竹口

初余赤等焚刼上漈姚村一帶把總馮從羽檄松溪官兵合攻斬首百餘賊遁至衢州嘯集魏福賢等五千餘賊由船坑山坑兩路入竹口圍燒民屋六百餘家公館橋梁悉燬

十四年丁酉三月賊高彪殺掠二一都據九臺山千總李茂破之

康熙十三年甲寅正月耿逆作亂五月僞總兵徐尚朝遣其黨陷慶元十五年丙辰八月貝子率滿漢都統馬將軍喇合吉等率大兵討平之

時慶元城陷義勇吴詔功吴壽男戰没於陣事聞

恩恤其家各蔭一子授千總嘉慶元年

特恩追死事功復各蔭一孫

四十八年閩匪彭子英餘黨竄入盧坑村府道檄生員

吳鳳文寧鄉勇逐之

慶元縣志卷之七

知慶元縣事吳綸彰重修

風土志

習尚　歲時　禮制　坑冶　物産

正淫奢儉五方之風尚不同而整齊變化責歸司牧所視感之者何如耳方今
聖天子至德涵濡賢大夫仁風披拂比閭族黨間彬彬復古書此以爲採風問俗者之一獻可乎是作志之要也志風土

風略

慶元山多田少土瘠民貧力勤尚儉人多士著俗鮮獷頑蠶桑之利尚未有興

習尚

山國之民其氣剛以勁雖饑寒切身亦不肯鬻其子女然好訟喜鬬間亦有之至大奸大慝則未之聞四民之家先衣食而後詩書於子弟學業罕能培植上公車者甚少亦有初列黌序營心三窟街談巷議惟利是圖甚至學業不成竄入書吏以庇門戶

恬不爲怪士風不振方必不由於此以上參錄府志

舊志云士守名節婦不外見敎詩書飭廉耻噐變産輸糧不忍受辱事非切已不敢擅至公庭故敎讓厚別兢兢禮教渾樸之風獨完

舊時屠販經紀惟無恒産者藉以餬口今則壟斷居奇皆出有力之家居鄉者以製葦爲業老者在家壯者居外川陝雲貴無所不歷跋涉之苦甘如飴焉覘其所獲十難居五大抵慶邑之民多仰食于

葦山

四民

士人家不畜僕童有鬻圃者雇人種蔬無者採買於市弟子則時出就外傅入學後多務家政喜無遊人異物以遷其志亦無繁文縟節以蕩其心服飾布素不尚綺羅齊之以禮頗能復古

古者農之子恒爲農茲則不然或有耕而兼讀者或有耕而挂名胥吏者避役故也今里役已革民得專意田畝一年所出可贍數口邑中輿夫甚少習者性多倨傲非倍其值不肯行

工匠悉資外籍石工則寧德木工則江西近則縱橫

爲盛

行商以種蕈爲業其次運木者亦歲歲有之治前則

罕有

歲時

元旦禮神及祖奠三牲茶酒瓶插柏枝盆盛柿桔開

門放爆以兆百事之吉是日舉家食素午設羹飯

夜備茶菓薦于影室凡五日夜而止

次日親𥙊親朋相賀留席幼者給以五彩菓品

上元自十三夜至十五夜架鰲山剪綵張燈迓土神
出遊笙歌戲劇襍沓往來夜闌則止
春社日祀社祈年分社肉做社餅以相饋送
清明日致祭祖祠標清祭掃先墳有祭田者在墓前
分散紅卵
立夏日作香羹
仲夏四日懸蒲艾以酒食角黍薦寢祀先相傳胡仲
淵以午日出師攻焉遂沿爲例鄰邑皆然
端午日采百草沐浴飲雄黃菖蒲酒食角黍

六月六日曬衣書

中元家各祀先不舉葷祠內竪旛道場舉盂蘭會分

散饅首

秋社祀神報穀

中秋夜飲食糕餅以賞月華

重陽祀先食角黍士人龍山登高

孟冬月釀紅糯酒

季冬月煎米飴

除夕晡前祀神祭先放爆竹曰辭年是夕守歲如古

禮

禮制

冠禮久已不行女子臨嫁而笄凡在戚屬名識者女家必荅席

初議婚不及問名即納手鐲項圈麒麟牌作聘記謂之揀定正聘時納白金若干不拘數謂之送茶始立庚帖次家則贈以物禮謂之囘聘請期餽禮或接以登謂之拜門擔娶日猶不親迎今北鄉亦有之在城各鄉命小叔及未入家接謂之壓轎矣

命子姪一人送親親入門時請老婦有福壽者作
攙相引至洞房壻入對坐飲食用十全菜謂之米
篩飯日暮燃燭輝煌音樂具舉出拜天地祖先轉
至堂前拜舅姑及各親友戚俱相見畢送入洞房
行合巹禮
喪葬殁之日庭設靈座遷尸正寢舉羹飯是夜延巫
報靈親友來弔謂之相望人子執杖跪伏號泣次
日戚屬婦女亦來相望喪家具素以待哺時入殮
羅列牲醴讀祝舉哀穢巫的呼人子不避孤蘆盛

屬有犯者則避之葢棺已畢留衆餕餘以後各親不限弔期各具香楮素菓以賻延僧誦經謂之薦亡出殯選日有山即塟無者停于土室有延至數十年而不塟者葢風水之說誤之也

祭自春秋將享外生辰死忌不論貧富俱薦于正寢遇初度之年富者宰牲牢設盛饌以祭貧者僃牲酒醴百歲而後已有醮祖者當忌日子孫助祭餕餘各給饅首不限百歲之期

坑治

昔者鑿坑之徒悉屬亡命幸而獲則肝腦塗地亦不
憚不獲則聚爲礦盜刼害一方今坑場幸以俱廢
百數十餘年來民不攤賠亦不科料誠我
朝之善政也
按舊志坑冶有十在一都者曰銀屏坑八壚坑陳家
坑毛泮坑石演坑在二都者曰淘泮坑横巖坑箸
塊天堂壠在十一都者曰葛田坑以上十坑俱久
廢
物產

馮生之族辨土所宜樹畜有時樽節有度亦王政之一端乎慶邑水土寒薄所產無奇而物力消長又不能無今昔之異茲核實所出載之於册以見民生日用其所需有如此云

穀屬

冬瓜白粒細而芒白晚熟　芒早色白粒大稃芴有芒　紅米肚粒極色百純赤

日早七月初先熟　齊頭粒大雪色味香甘先熟　旱穀種于無水處因名　烏

戳早　青標早　火燒穀已上秔稻　木樨糯　天豐糯

企企變　烏節　白芒　紅穀　白穀　馬鬃糯

野豬鬃　光稍稞稻已上　大麥　小麥　蕎麥　花麥

粟秔稉二種　芝麻黑白二色　黃豆　烏豆　菉豆　羊鬚豆

赤豆　雲豆　豇豆　刀豆　三收豆　羊角豆

包蘿

蔬屬

薑　薯　芋　葱　蒜　韭　薤　莧　蒿　芹

蕨　筍　蕈　茄　菠薐　苦蕒　萵苣　莞荽

莙薘　蘿蔔　苦藚　油菜　冬白　冬芥

蓏屬

冬瓜 北瓜 黃瓜 絲瓜 苦瓜 匏

菓屬

桃 李 梅 杏 柰 柿 柑 橘 梨 栗

棗 榧子 石榴 楊梅 枇杷 林檎 葡萄

橄欖 苦櫧 陳梨 山棗 香櫞

木屬

松 柏 杉 榅 樟 楓 槐 桑 桐 椰

椿 欏 栢 柘 楠 桂 檜 梓 榧 檮

檀 冬青 椶櫚 想思木

竹屬

雷貓　石筆　紫斑　水苦　筋箸

慈麻　矮黄　觀音　鳳尾

花屬

牡丹　芍藥　芙蓉　木樨　紫荆　臘梅　荷

矮桃　郁李　水梔　薔薇　茉莉　鷄冠　葵

瑞香　山茶　玉簪　鳳仙　杜鵑　海棠　蘭

佛桑　鶯粟　玫瑰　木筆　百合　蝴蝶　菊

玉繡毬　月月紅　剪春蘿　美人蕉　千瓣榴

草屬

芭蕉 萱草 菖蒲 龍鬚 鳳尾 觀音 蘆

菅 茭 茅 蘋 藻 萍 瓦松 青鋒劍

羽屬

雞 鵝 鴨 燕 鴿 雉 鵲 黃鸝 鸕鷀

鷺鷥 畫眉 翡翠 竹雞 鷓鴣 鷃 杜鵑

百舌 山雞 啄木 鴉 烏鷳 鵓兒 郭公

瓦雀 鴝鵒 布穀 黃頭 鷹 田雞 禿鶖

鵲 鳧 紅[illegible]

毛屬

牛　羊　犬　猪　猫　虎　豹　豺　狼　熊

猿　猴　鹿　麞　兎　鼠　獺　野猪　豬猪

漢猪　狐　狸　竹鼦　恒鼠　山羊　九節狸

玉面狸　山犬　地豚

鱗屬

鯉　鯽　鱖　鱓　鰔　鯛　鰳　鯖　鰻　鱔

鰍　白　石斑　圓眼

介屬

龜 鼈 蟹 蚌 螺 蝦 穿山甲

蟲屬

蠶 蜂 蛺蝶 蟬 蠅 蝙蝠 蚯蚓 蜘蛛

蜻蜓 蟋蟀 蝦蟆 蚱蜢 蛙 蜈蚣 螳螂

蛇 螻蟻 螢

藥屬

白朮 茯苓 枸杞 黄精 百合 厚朴 艾

檳榔 苦參 荆芥 梔子 威靈仙 野甘菊

半夏 薄荷 紫蘇 茵陳 覆盆子 五倍子

黃連 香薷 益母 勾藤 天門冬 金櫻子

車前 香附 木賊 淡竹 金銀花 石菖蒲

前胡 小茴 南星 辛夷 谷精草 瓜蔞仁

石斛 木通 茱萸 葛根 桑白皮 白扁豆

槐花 青皮 木香 陳皮 劉寄奴 天花粉

貨屬

苧 筍乾 毛邊紙 靛 香蕈 朱蕈 石衣

蕨粉 蜂蜜 白蠟 紅麯 茶 燭

慶元縣志卷之八

知慶元縣事吳綸彰重修

官師志

知縣　縣丞　主簿　典史
教諭　訓導　治行附

天生蒸民不能自治而立之君君亦不能獨理而任之臣官有多寡而分攝之事不一缺有繁簡而責任之意則同慶邑號稱易治一官已足督捕而外本屬可裁若夫教職汰而復設誠以文運於是乎寄薰陶樂育非一訓所能任也督肇之下謹稽其歷官姓氏

與其爵里年代有足徵者逐一附註於下志官師

宋令寧宗慶元三年胡紘奏請以所居松源鄉立縣始設

富嘉謀慶元三年任入名宦有傳

元達魯花赤

亦都散大德　年任

于崇大德八年任

馮義至正元年任

明

知縣

董大本洪武十四年任有傳

曾　壽洪武十八年任入名宦有傳

唐　仕

余源清洪武二十三年任

李仲仁洪武二十七年任

胡淑儀洪武三十一年任

羅仕勉洪熙元年任有傳

程義和

張　朝莆田人

張宣 吉[illegible]人監生景泰四年任有傳

張明 金壇人

趙貞

鄭昱 正統年間任

余康 莆田人進士成化年間任

黃道

周杲 華亭人進士

沈鶴 華亭人進士弘治年間任

魏程 建昌人

何　鰲順德人進士正德三年任擢監察御史有傳

馮　恩泗州衛人

鄭應文順德人

李惟貞太倉州人正德七年七年任有傳

陸　元臨川舉人

鄭　舉閩縣人

陳爾正南昌人嘉靖十一年任有傳

程紹頤太湖人監生嘉靖十一年署任

陳　元峽江人嘉靖十六年任有傳

陳　濘南海舉人嘉靖二十四年任擢南直監察御史有傳

邢夢珂高淳人嘉靖二十八年任

羅見麟番禺舉人嘉靖三十一年任

陳文靜莆田舉人嘉靖三十三年任

馬汝徯莆田舉人嘉靖三十九年任有傳

張應亮高淳舉人嘉靖四十二年任

彭　适溧陽人監生隆慶元年任

朱　芾黔江人監生隆慶三年任有傳

勞銘燮懷寧舉人萬曆元年任有傳

沈維龍南安舉人萬歷二年任有傳
陳九功南昌舉人萬歷七年任有傳
史著勳桂林舉人萬歷九年任
黃文明懷寧人選貢萬歷十二年任
詹秉龍泰寧人選貢萬歷十四年任
周道長成都人選貢萬歷十八年任有傳
鄧建邦全州舉人萬歷二十一年任有傳
李　賢朝陽人歲貢萬歷二十五年任有傳
熊戀官石城舉人萬歷二十八年任有傳

沈立敬溧水人萬歷三十年任有傳
張學書平樂人選貢萬歷三十二年任有傳
陳鍾琯惠安舉人萬歷三十四年任
潘學孟六安州人萬歷三十八年任
郭際美萬安舉人萬歷四十一年任
汪獻忠歙縣舉人萬歷四十五年任
馮大受華亭舉人萬歷四十八年任
樊　鑑歸州人天啓三年任有傳
王士焜崇仁人天啓六年任

陳國璧連江人崇正三年任

趙　鐾太湖舉人崇正六年任

楊芝瑞當塗舉人崇正十三年任入名宦有傳

陰佑宗內江舉人崇正十七年任

國朝

李肇勲童郎舉人順治二年任

謝士登南昌人順治五年任

鄭國位遼東人生員順治七年任有傳

石肇垣清苑舉人順治十二年任

王之垣絳縣人歲貢順治十六年任有傳

高　嶙寶鷄人選貢順治十七年任有傳

程維伊蘄水舉人康熙三年任有傳

李衷繡新安舉人康熙十五年任有傳

羅異秀陝西人貢生康熙十七年任

梁允桓眞定人拔貢康熙二十五年任

李文英正黃旗監生康熙三十二年任

李容之山東人貢生康熙三十七年任

薛喬昌兗州人進士康熙五十五年署任

王開泰湖廣人進士康熙五十五年任

李飛鯤江南人進士康熙五十七年任

于樹範金壇人

李廷宋四川人進士雍正七年任

徐義麟正白旗舉人雍正八年任復任

程煜樂平人

郭從善山東舉人乾隆三年任

鄒儒樂平人拔貢乾隆六年任有傳

蔣溥長洲人例監

裴世賢 渭陽人

王者棟 無錫人進士乾隆八年任

黃鈺 鄧州人拔貢

郭梁 山東舉人乾隆九年任

蔣潤 舊名溥乾隆十年復署

鄧觀 瀘溪人進士乾隆十一年任

孫宸輔 青齊人乾隆十二年署

景皐 安邑舉人

羅岳珪 晉江人進士乾隆十九年任有傳

李　化　永城人副榜

陳春芳　鄭州舉人乾隆二十二年任

興　福　鑲黃旗人

梁監校　平陸人進士乾隆二十五年任

多澤厚　阜城舉人乾隆二十七年署有傳

張　儼　蓬萊舉人乾隆二十八年任

張天相　陽武舉人

李　芾　三原人進士乾隆三十二年任有傳

張力行　湘潭人署

嚴　灝署

唐若瀛三原舉人乾隆三十六年任有傳

熊　珍宛平舉人乾隆三十八年任

孟毓楷長洲人署

楊　燕嘉應州人署

董畢縉萬泉舉人乾隆四十年任有傳

徐傳一崑山人附貢乾隆四十二年任

裴述文曲沃人署

吳　越長洲人乾隆四十二年署

陶灝淦長沙人乾隆四十五年署

王　恒遵義舉人乾隆四十六年任

朱鍾麒貴州人進士署有傳

趙　堿文安舉人乾隆五十年任

莫景瑞安定舉人乾隆五十一年任有傳

徐傳一復署

張玉田涿州舉人乾隆五十四年任

李寶型東光舉人乾隆五十六年任

戈廷楠獻縣人乾隆五十九年任

魏夔龍德州舉人嘉慶元年任

張　震清泉舉人嘉慶三年任

關學優順德舉人嘉慶四年任

黃友教長沙解元嘉慶七年任

葉萬楷嘉慶九年署

劉種桃彭澤人拔貢嘉慶十年署

吳　沆山西人拔貢進士嘉慶十二年題署

彭志傑湖北舉人嘉慶十四年署

黎樹醇南昌人進士嘉慶十四年署有傳

鳴山 正白旗人生員嘉慶十五年任有傳

呂璜 廣西人進士嘉慶十八年任有傳

沈尚恩 宛平監生嘉慶十九年署

譚正坤 南雄州人拔貢嘉慶十九年任

沈尚恩 復署

孫榮績 四川舉人嘉慶二十三年任

崔進 安徽監生道光元年署

樂韶 雲南舉人道光二年署有傳

黃煥 雷州拔貢道光三年任有傳

朱　瀚常州人道光九年署

陳文治雲南舉人道光九年署

吳綸彰肇慶開平貢生道光十年任

明　縣丞

魏明德洪武十四年任有傳　傅　儉貴池

羅　穰吉水人　韓　繡江津人

吳　華灌陽人　阮廷貴永州人

周　顥高平人景泰年間任　傅　恭

方希勝正統　王廷相吳縣人成化年任有傳

蘓　枏南海人　周　憲餘干人宏治年
郭　珊建平人　鄭紹銓上杭人正德年
劉　正嵩明人　徐　辨淮衛人嘉靖年
嚴　容丹徒人　何子真華亭人
陳　楷楊州人　陳　敷弋陽人
馬　璃山東人　黃德輿晉江人
范學顏靖江人　程　默宿松人
隆慶元年此職裁

元　主簿

張廷瑞　張榮

明

劉茂洪武年間任有傳　陳節

林顯福清人　王函

滌蘭　胡璽歙縣人

汪源樂平人

嘉靖七年此職裁

典史

明

季彥魯洪武年　胡　暹
陳喬壽莆田人　汪　鰲舒城人
王　懷當塗人　許　韶宜黄人景泰年
郭仙一仙游人　蕭　印番禺人
詹　漢弋陽人　林　薇貴池人宏治年
余　鳳潁川人嘉靖年　林　敘莆田人
陳蘭秀南昌人　熊　泰南昌人
曾朝俸豐城人　楊世隆當塗人
王　模懷安人　陳子實石埭人

盖　進徐州人　黃任堯臨川人

徐行道豐城人　王圖久霍邱人

王　宷丹徒人　余一治大田人

蘇仁愛石埭人　謝惟顯信豐人

汪雲鳳舒城人　陳　紀安遠人

王國才樂平人　李忠遠懷遠人

周光範上饒人　張春芳歸化人

舒啓英婺源人　李廷芝高安人

楊復聖始興人　游士愷當陽人

李用行程鄉人　鄭繼先南城人
沈世永石埭人　方從廉莆田人
國朝
羅賢臣順治年　潛起龍南昌人
張文瑋膚施人　侯正官陝西人
胡應泰吏目大興人　喬孔衍富平人康熙年
張令名山西人　馮燦山西人
毛晃蕪湖人　高托無極人
楊維儀江南人　張文錦直隸人

樂 績江南人
孫 棟河南人
朱懋文宛平人乾隆年
張振芳繁峙人
梁 森府經歷署
陳 謙大興人
陳子佳揭陽人縣丞署
劉捷三昌樂人
徐 信
鄒景椿武進人
都 會桐城人
董敦禮黃平人吏目
林 闇署
楊毓麟
馬光煒懷寧人署
達克勤大興人
曾廷棟主簿署
朱宗海大興人嘉慶年

曾洪欽新城人　　武廷杰大興人

夏立基江蘇人道光年　　黄鳴聲嘉應州人

張廷奇濟南人　　宋清晏湖北人

鄭堂浦城人　　陳若椿江蘇人

胡庚吉江蘇人　　牛晟大興人

張學廣湖南人　　潘周銓安徽人

程尚烈安徽人

教諭

元

董　堯樂平人至正年

明

夏　禮洪武年　　張　遠

宋　觀宣德年任　　鄭師陳莆田人正統年任有傳

謝文禮將樂人　　汪　澄懷安人

陳紫薇　　邢　瓛當塗人成化年

孫繼祖聊城人嘉靖年　　留　倫晉江人

吳　瑞鄱陽舉人　　朱　陳上元人

方　樸鉛山舉人　　謝應奎湖口人

王國相晉江舉人隆慶年有傳　薛廷寵惠安舉人

顧翼高上海人萬歷年　毛存奎松茲人

曾守唯清流人　徐顯臣永康舉人

徐　文吳縣人　謝承聘於潛人

韓仕明光化人　吳逢堯餘干人

張　華博羅舉人　葉文懋龍游舉人

葉文弼都昌人　楊開先商河人

葉中理德化人　余沛然建德人

周　淳蕪湖人　夏舜臣建德人

高士遜德清舉人　胡若宏湖廣舉人
沈明時新城人　王至道汀州人
錢永憲杭州人府志夫載　余璋平陽人
徐應亨蘭溪舉人有傳　鄔承華寧海人
徐鶴朋海盐人　胡寅賓衢州人
林永春泰順人

國朝

朱化熙遼東人順治年　駱起明諸暨舉人後歷知縣有傳
張晉餘姚舉人有傳

順治十七年裁汰康熙十五年復設

馬　青會稽舉人康熙年

屠樹聲仁和人貢生

陳　灝會稽舉人

徐景瀚餘姚人拔貢

胡　玠臨安舉人後陞知縣

史紹武仁和人貢生

戴志逵溫州人拔貢

曾　士會稽人貢生

曹源郁嘉興人副榜

孫之騄仁和人貢生雍正年有傳

范光曦寧波人署

徐宏坦臨安人拔貢

吳匡經仁和人副榜

吳　超山陰人副榜乾隆年

駱承運臨安人署

王應辛山陰人副榜

汪本乾淳安人廪貢　沈光厚歸安舉人署
孫　源烏程舉人有傳　徐世焘杭州舉人署
丁　葵會稽舉人　顧一清海鹽舉人署
王　炳金華舉人　葉德風寧波人副榜署
楊保樑山陰舉人　程　琛昌化人貢生署
錢廷錦紹興人副榜　王日華東陽人拔貢署
章觀嶽瑞安人拔貢　吳　溶錢塘舉人署
吳　注建德舉人　朱　鋼寧波舉人
吳　樾象生廪貢署　鄭之亘永嘉拔貢

王耿辰淳安人廩貢署　林大經寧波舉人
查世瑛嘉興舉人署　馮春潮紹興舉人
孫仁鼎仁和人廩貢署　詹世鏞衢州人廩貢署
沈鏡源湖州舉人

訓導

明

楊　彌高郵人洪武年　吳　經順德人
王　參福安人　潘　初麗水人貢生
李文魁古田人正德年有傳　沈　濟

林　梓　海豐人　景泰年
黃　廉　南安人
王　奎
吳　騏　南平人　成化年
朱　鎮　宜春人
李　彪　餘干人　宏治年
楊　賢　南城人
劉廣珠　潮陽人
唐邦用　侯官人
李　軺　兖州人　嘉靖年
范繼隆　大田人
林一桂　閩縣人
尤　琢　無錫人
陳雲騰　大田人
吳從周　邵武人　有傳
劉　安　荆州人　隆慶年
方一梧　莆田人
余世貴　連江人　萬歷年

車　錡將樂人　　周　佘萬載人
龎　熙廣西人　　胡鳳陽榮縣人
謝子蕙建德人　　柳鳳儀建德人
駱問學諸暨人　　徐應斗蘭溪人
方應卿吉安人　　孫祉遠豐縣人
侯　綬德清人　　鄭　重西安人
夏紹元當塗人天啓年　　賈應忠清州人崇正年
林如周侯官人　　譚自勝茶陵人
鄺健齡山東人　　鄺用賢諸暨人

越士蔚貴州人

國朝

葛光縉寧海人歲貢　周廷俊諸暨人
周之翰新城人康熙年　戚光朝金華人歲貢
葉　榮龍游人歲貢　周于德武義人歲貢
婁茂瀅仙居人歲貢　邵颺言上虞人貢生
高文煌山陰人貢生　唐虞際海塩人貢生雍正年
葛奕煒武康人貢生　葉士超金華人
范其揆寧波人　俞樹鍭臨安人乾隆年

許青虬平陽人　林永芳永嘉人

徐天秩淳安人　潘煜署

詹一城常山人　談企曾署

孫榮定海人　徐時泉東陽舉人

周紹洙仁和舉人署　莊峙峨鎮海舉人有傳

崔懋雋歸安人廪貢署　俞派錢塘舉人

葉邁倫金華人廪貢署　程玉麟淳安舉人

程琛復署訓　徐藻海鹽人歲貢

王鋑鄞縣人廪貢署　胡會肇德清舉人嘉慶元年任

葛覃 慈溪人廪貢署　王壇 山陰舉人嘉慶七年任

孫同元 仁和人廪貢署　陸泰交 歸安舉人

俞鋐 紹興人廪貢署　許心坦 仁和舉人道光元年任

趙貽孫 蘭谿舉人署　徐球 蘭谿人廪貢署

羅張揆 烏程舉人　王勉 蕭山舉人署

沈錫疇 烏程舉人　沈俊發 湖州人貢生署

王煥然 餘杭人廪貢署　濮鐄 嘉興人副榜署

治行 附

召父杜母史稱循良以其利澤在人也吏治茂

則循聲著桐鄉去後之思口碑猶存奚可無傳

也前事不忘庶幾後事之師謹書之以備考焉

宋令

富嘉謀襄惠寬仁清慎平簡慶元三年以松源鄉

立縣受符涖任始辟街衢營公署立學校建壇

壝一切制度皆其創舉不期年而就民無勞擾

祀名宦

知縣

明

董大本洪武十四年復立縣公署學校久廢公握符受事寓大銘寺次第修舉撫民寬厚馭吏嚴明有循吏風至今慕之

曾壽清忠愛民百廢俱興夏亢旱苗多枯槁公始經理陂堰引水注田民賴無饑後以寇石抹申攻縣擄掠執公使降抗節不屈引頸就刃遂遇害民哀之如喪考妣祀名宦

羅仕勉廉明果斷民有私採銀礦者發覺錦衣百戶田福按縣拘捕良民悉受其害公不避奸勢

遂一一奏聞以寢其謀時稱能吏

張宣持己謹厚處事明决在任九年政平訟息理

盜安民如何武當年去後常令人思

何鰲慎行敦節愛民禮士先賦無定式隨田多寡

爲户民病之乃平其田以二頃爲一里彼此適

均户無偏累輕刑緩賦革弊省費民德之後擢

都察院副都御史

李維貞初授浦江教諭正德七年至任宅心仁恕

愛民如子凡干以私者悉斥之時旱行禱於薰

山之巔拜伏烈日中不起須臾大雨是秋豐稔民深感之

陳彌正南昌人廉潔自矢質直不阿公而且明吏不忍欺民無越訴後以憂去歌咏不忘

陳元峽江人厚重簡默有古人風時值開礦民苦油糧之費復立礦稅徵額民愈不堪公乃固請損其數以蘇民困遂忤時罷去人多爲之泣下

陳澤南海人性勤敏才練達山寇猖獗公率兵捕之斬首百餘級寇乃平時邑無城串請鬻寺田

及公署故址充費不逾年而城成民賴以安尋

擢南京監察御史

馬汝徯上元人清愼明敏時值大造奸胥受賄滋

弊悉親自簡閱以鏡弊源版籍一歸於正尋入

覲致仕歸

朱芾黔江人簡重慈恕雖盛怒不形聲色待士以

誠遷學修城經理有序不濫科罰以病民士民

德之

勞銘夔懷寧人秉性儉約處事明決愛民禮士民

貧不能耕者助之建義塾置漏澤園以瘞卒於
官士民無不哀悼
沈維龍南安人廉明剛毅剔奸釐弊修邑乘置學
田苞苴盡絕帑藏肅清縣令汪獻忠詳允入名
宦崇祀
陳九功建昌舉人博雅大度公平明決實意御下
尤加意學校開渠引水以防火患期年政聲大
著調繁麗水合邑留詩爲别
周道長成都人平賦役課農桑周助不給鰥寡孤

獨冇沐其施僱蝗入境引咎籲天羣烏競食殆
盡咸稱異政且孝友性植每思親輒至慟哭竟
以告養歸士民如失慈母
鄧建邦全州人慈惠清慎政務簡静糧㠯一清倡
造入都槎溪橋尤利民之大者
李賫廣東普寧人簡易慈祥不阿勳勢時有奸民
以沒官田私獻勳臣賫得其實上之當道以重
法繩之遣戍者三人自是權貴惕然邑無騷擾
去之日老穉號泣隨之懇留衣冠寄思焉

沈立敬溧水人簡約裕民凡陋規悉行釐革至今
便之擢叙州別駕

張學書廉明仁恕先是慶有商鹽之害官吏受賕役丁夫由龍泉轉運抵邑高騰市價使舖戶屯賣鹽復積惡食者多病商坐取盈額致鹽戶傾家鬻子女以償公目擊民苦詣鹺院請命願免官以除民害臺使可其請咨部每歲納包引課銀四十一兩八錢二分不許商鹽屯賣乃著鹽書以垂永久民困始蘇又礦稅徵溢額數倍公

爲議撮足額而止當道又檄民充木戶鄰邑
騷動公獨申地僻民貧不產巨木卒賴以免他
如罷里甲蠲贖鍰至割俸以充費涖任三載祥
刑息訟課士賑貧羣豺祭畜公疏於城隍明日
遂道至有自斃於山者一時稱異尋擢守真安
父老攀轅有贈金佐道里費者卻不受相與建
祠祀之後商鹽復至民益思公不置云
郭際美萬安人方正慈儉邑自蝨水爲災田多漂
沒民苦輸稅而糧里復增額外之費公條上草

禁之歲省數百金發倉賑恤單車徧行村落戶
閱而賑給之
樊鑑風雅有才政多更新龍山諸勝皆其開創邑
政卧理時登山遊宴賦詩民以風流仙令稱之
楊芝瑞廉明勤敏令行如風雷凡有益於民社者
無不盡心尤以作新士類爲首政修城池築六
隘建詠歸橋補天閣修堰灌田百廢具興禦盜
有功民獲生全壽陞武定知州卒於官祀名宦
國朝

鄭國位遼東人精明廉幹慈愷愛民政治井然前
觀年甫十九而老胥猾吏不能舞文弄法重建
楊公左橋民無病涉待士誠禮交致合庠德之
卒於官士民哀悼不忘
王之垣絳縣人仁恕强明苞苴屏絶惠民愛士有
良吏風未二月卒於官囊橐如洗合邑驚悼不
已賻之柩乃得歸
高嶙寶鷄人練達勤敏動應機宜公餘賦詩臨池
有李北海風建城隍廟尚書坊濬泮池治行多

可觀焉

程維伊楚黃人至誠愷悌蒞任九載塈城樓清地畝蘇[illegible]困修邑乘建橋梁百廢俱興尤加意人材置育英儲英二莊召邑弟子員課藝其中并買租田作文士鄉會兩試之費丙午秋爲同考官當湖陸子清獻卽其門下士也次年延居絳帳風爲丕變辛亥歲洊饑單騎詣勘力請題疏蠲免正供一千四百二十兩有奇後以憂去士民如失慈母

李載繡直隸舉人康熙間任時耿逆初平相機招撫殘黎頓以復業適遇採辦大木公以地方凋敝不堪任役力爲減鮮又立文社於石龍山寺親自課藝其中朝夕饟膳悉捐俸以給至今談者有千載一時之感焉

鄒儒樂平人政主愛民而事必依法凡勸課農桑完糧輸穀皆畧官民之分儼若家人父子互相勸勉至于奸宄蠹書則必盡法懲之不稍貸也邑向無肄業地獨捐已俸建對峰書院置田租

以作師生脩脯膏火之資卽各鄉家塾亦常載酒餚紙筆以勸課之在任年半以讀禮歸所著有松源偶紀企嶧時文泊陽經解行於世

羅岳珪晉江人簡潔厚重審理詞訟筆楚不濫尤加意人材邑有篤行勤學者厚禮待之卒於署

多澤厚由舉人署縣事廉靜寡慾不事刑威公餘常召諸生講學先品行而後文藝生平工於楷書學者宗之

[illegible][illegible]三原人清謹有惠政時奸商妄鑠　上憲復

圖盜害公獨勤勤懇懇再三申詳蒙 各憲仍以聽從民便批示合邑始不驚擾

唐若瀛陝西人潔己愛民尤崇儒重道時 文廟傾圮捐俸倡新涉冬夏不倦後以憂去

董鞏縉由舉人知縣事衣麤食糲一介不苟凡公出行李無異寒士工於書寫因不阿上官左遷

教諭鄧任時猶以勤學力田囑咐士民

朱鍾麒由戶部主事改試用知縣署本縣僅三閱月聽訟明敏凡累年未結案牘讞斷一空民無

覊訟後調諸暨知縣

莫景瑞瓊州人秉性耿介同寅契友並不敢干以私善冰鑑士民或艮善或奸巧一經品題罔不恰肖每斷大案必誓告神明因無冤獄後以憂去寄寓括郡宦橐蕭然

黎葆醇江西南昌人博雅仁愛奉檄署理慶篆甫到任路至竹口一聞慶饑先行發諭糴濟吏以開倉須俟詳准乃可公忿然作色曰如俟詳准則往返多時吾民不堪生矣倘以先糶後詳爲

罪救萬民罪我一人可也其罪我合當之卽毅
然糶濟閭境沾惠民賴以安且留心訓課振作
士風閤庠感戴不逾年尋陞瑞安知縣
鳴山正白旗人寬慈大度政尚愛民不事嚴酷聽
訟時雖得其情猶存矜恤歲歉平糶出入公平
民皆悅服而且捐俸二百餘金倡修　文廟尊
師重道優禮士林旋陞山陰士民感激
呂璜廣西永福人以進士擢署慶元知縣明決果
斷民訟卽時判結終日身坐宅門內大堂旁側

查察奸蠹稍有胥差舞弊無不盡法懲治咸稱
神宰每與諸生講論談文儼若師生前張程二
公設置儲英育英二庄田租助士人鄉會試資
費幾至有名無實公釐剔改正俾沾實惠又捐
俸銀一百餘兩買大坂洋田租五十餘把添作
士子資費公纔逾年即讀禮卸事臨行猶與士
民不忍別
樂韶雲南晉洱人磊落魁偉廉明慈愛重士恤民
建造嬰堂以廣好生祭神逐虎而息民患胥差

歸農囹圄空虛尋調蘭溪知縣去後人猶念之
黃煥雷州遂溪人清慎明慈修廢舉墜建造　文
昌後殿重修石龍山亭復設社義倉穀以備歲
荒疏通城內水道以防火患培養人材士沐其
惠減價平糶民沾其恩後以憂去宦橐蕭然闔
邑士民餽贈而歸
明縣丞
魏明德創始立法愛民猶子時青田寇葉丁香吳
達三等作亂朝命延安侯統兵勦捕侯以邑之

二都與賊連境欲戮其衆公乃直抵軍營泣滌
白侯曰吾邑民悉從化無從盜叛逆者公戮之
是汙良民也請以身代侯重之其事遂寢民得
全生至今咸蒙其德

王延相吳縣人清介自持臨事不苟胥役不得售
其奸後以病卒于官宦囊蕭然止餘柴薪銀肆
兩清操聞於一時

明主簿

劉茂時山寇夏清四等連肆侵掠不時抵縣民不

貼席公率居民吳德閭等設攻禦破賊鋒民獲
安堵任滿陞河陰知縣
教諭
元
董蘷樂平人至正間三領鄉薦授慶元學正敦學
礪行學者一時丕變繼拜端州路録事洪武初
召拜國子録所著有二戴辨四書疑問平橋詩
文集見樂平縣志
明

鄭師陳莆田人明教條嚴考課講明經義士風丕變諸生德之弗忘

王國相晉江人博古能文作易經講意訓諸生考課嚴勤士氣振作尋擢廣東瓊山知縣

毛存奎松慈人古雅淵博善著述訓誨不倦士類德之以宋知縣富嘉謀經始有功明知縣曾壽抗節不屈特爲題請從祀名宦大協輿情著有輯禮編闔邑弦誦尋歸士民送之有流涕者

徐應亨蘭溪人純厚敦重爲士典型博古工詩賦

著有十笏齋稿四十卷行世

國朝

駱起明諸暨人敏捷有氣節善藻鑑人品專以公

車業課士文風丕振尋陞鷄澤令

張晉餘姚人性寬和有盛德厭譚勢利以文行訓

士闔庠衣德以病卒諸生哭之皆失聲士民歛

緡合賻旅櫬始得歸里

孫之騄錢塘人性耿介博極羣書年逾六旬日與

諸生講學不輟所著有松源經說夏小正集觧

松源集等卷行世

孫源烏程人性和煦不苟言笑至與士子講解詩文必曲盡其妙尋陞知縣

錢廷錦會稽人由副車克八旗教習出就木學教諭敦厚貞介不苟取與而又和易近人常以品行訓飭士子卒於署合庠賻之旅櫬始得歸里

章觀嶽瑞安人氣度嚴凝才幹優長尤加意造士必維持愛護以振士風闔庠德之

朱鋼寧波鄞縣人溫厚和平樸素耿介訓課士子

先重品行而又以知止不辱教爲保身全家之法解組時士不忍別所著有北屏山亭記

鄭之艮永嘉人性姿磊落書法雄勁有學有才訓課之暇士人有控爭者卽招署理釋惜遺疾而終閭庠賻之歸里

林大經寧波人古貌古心禔躬謹飭訓課生童不計脩脯先品行而後文藝士林咸高其誼

查世瑛嘉興人涵養深純耿介自矢日與生童講學不倦凡進質詩文卽面爲改正無不出風入

雅士多景從文風丕振

馮春潮會稽人學問閎博姿性磊落口不言私行多古道凡探奇審問有叩則鳴不憚窮源竟委詳發其奧且謙而有禮所著有金帶集詩刊行於世

訓導

明

李文魁古田人秉性端嚴持身不苟立科條勤教誨有古人風諸生歲考貧不能往者出俸金濟

之與知縣何縶同官時有縣學雙清之譽

吳從周邵武人性剛直博學好詩視邑篆益加清

愼時山寇臨城公誓以死守至七日賊遁去以

城西在山之下懼寇登攻遂申請當道改築西

城跨山之巔捐俸首築二丈以爲民式保障之

功居多尋陞國子監學正

國朝

莊時峨鎭海人和平樂易雅尚清操與生徒接不

談勢利亦不專論文章士林德之如坐春風

胡曾肇德清人博通經史與諸生談論典故凡諸子百家無不源源委委校閱詩文悉爲元圃之光士風從此益振

王壇字蔚堂山陰人博學多識書法豪邁而且平易近人不談勢利與士人講論詩文恍如披雲見月畧師徒之分儼若家人父子誠信宅心忠恕接物闔庠德之尋陞廣東知縣

陸泰交歸安人博學閎詞操履清潔尤雅意造士日與諸生校閱詩文孜孜不倦惜遇疾而卒闔

庠聘之歸
王勉蕭山人襟懷瀟洒博涉羣書訓課諸生援典
則滔滔不竭而尤工聲韻脫口如生

慶元縣志卷之九

知慶元縣事吳綸彰重修

選舉志

進士　舉人　徵辟　明經　例貢
援例　武職　馳封　恩蔭　耆介

王制命鄉論秀升諸司徒曰選士大樂正論造士之秀者以告於王而升諸司馬曰進士此制科所由始也自鄉舉里選之法廢而科目興由漢歷明選途寖廣有進士有舉人有歲選有例貢有徵辟有人材與夫武職援例馳封恩蔭不一其途我

朝定鼎一遵舊制百三十年士之學自濯磨者罔不奏
名禮科矣惟爾慶邑自南渡以來前徽可溯由明迄
今選舉絕少豈真地運使然歟昔胡爲而人材蔚起
今胡爲而科第寥落人傑則地靈是所望於繼起者

志選舉

進士

孝廉取士自漢有之進士設科則昉於隋慶雖
編小分治以後第春官膺薦舉者代有其人明
之中葉前無論焉

國初獲雋一人又不多觀乾隆巳丑姚才中書梁[illegible]徵遐策名雁塔姚子華以辛卯舉孝廉不得謂鄒莒小邦無與會盟也爾多士其共勉之

宋

天聖二年甲子科宋郊榜

吳穀官至太子贊善改殿中丞有傳

景祐元年甲戌科

吳轂濠州知府特授守秘丞有傳

熙寧三年庚戌科葉祖洽榜

吳　桓長興宰有傳

熙寧六年癸丑科榜余中

吳　翊池州通判有傳　　吳　舜潭州教授有傳

熙寧九年丙辰科

吳　庸官侍制學士贈少師改名伯舉有傳

大觀庚寅科

劉知新狀元及第仕綿州知州有傳

政和二年壬辰科榜莫儔

吳彥申秀州司理叅軍有傳　　吳　逵東平州鄆州

吴　兢本府通判入祀有傳　吴　樞嘉興知縣入祀有傳

紹興二十四年甲戌科張孝祥榜

陳嘉猷由神童科官禮部尚書有傳

隆興元年癸未科

胡　紘官吏部侍郎有傳

嘉泰二年壬戌科傅行簡榜

吴懿德官廣州通判有傳

嘉定元年戊辰科

王應麟給事中有傳

嘉定七年甲戌科袁甫榜

吳　淇戶部侍郎有傳

嘉定十三年庚辰科劉渭榜

吳八可湖州總幹

寶慶二年丙戌科王會龍榜

吳巳之知杭州府有傳

嘉熙二年戊戌科

吳　椅鄂州知州有傳

寶祐四年丙辰科文天祥榜

吳松龍松溪縣尉有傳

明

永樂十三年乙未科

鮑畢西隅人南京禮部主事有傳

嘉靖八年己丑科

胡俸行人有傳

國朝

乾隆三十四年己丑科陳楚哲榜

姚粱後田人中式二十名官內閣中書

舉人

明

永樂三年乙酉科

姚　珙上倉人衛輝府通判有傳

永樂九年辛卯科

吴仲信上管人泉州府通判有傳

永樂十二年甲午科

葉　祥西隅人有傳　鮑　畢西隅人乙未科進士

永樂十八年庚子科

趙　樞南門人雅州學正有傳　吳仲賢三二都陳村人有傳

永樂二十一年癸卯科

吳　源安溪人淮安府經歷

正統六年辛酉科

鄭　熊

成化辛卯科

吳　譽安溪人建寧訓導有傳

宏治八年乙卯科

吳　潭下管人常德府推官改安吉縣通判有傳

嘉靖七年戊子科

胡　俸廣西儀衛司籍

已丑科進士

隆慶丁卯科

姚　英後田人廣

州府同知

萬歷九年壬午科

姚文熠後田人順慶

同知有傳

國朝

順治丁酉科

葉上選後田人順天中式第三

十三名會稽教諭

乾隆乙酉科

姚　梁　順天中式第三名巳丑進士

姚　華　後田人辛卯科舉人

嘉慶巳卯科武舉

吳　芬　上管人現任嚴州把總

元徵辟

吳　平　上管人授松溪尉轉浦城尉　繆世立　崇陽知縣

姚　檠　邑主簿　葉山　城北門人濟南府尹

明

林存中 北坑人南雄府通判　　葉仲真 黔陽縣主簿

葉世卿 福清知縣一作仕卿　　吳　達 上管人鎮江知縣

吳子榮　　吳　鉄 上管人授延平尹

吳子達　　楊彥舉

陳禮宗　　童德璲 外童人博羅縣丞

童義方 外童人　　潘錫歷 下管人豫鹿四會經歷

吳　河 下管人順慶府照磨　　吳[illegible] 雲南烏撒軍民府照磨

吳仕安 下管人錄州通判　　吳元鐵

吳元益　　吳　偉

姚伸剛　吳子昇上管人，廣東知縣

葉得興東陽人，工科給事中　吳鸞　以上俱人材

明經即貢生

選舉之下有明經者，前代三途並用，名雖不同，而其始進以正則一也。欲釐其年譜貢表，又慮可少歟？

明

洪武年

葉廷偕十三年恩選，浦城知縣　吳道保

吳熊　　崔中浮梁縣丞

吳琄大街人山東監察御史有傳　　吳佐大庾知縣

楊溢桂平知縣　　潘鈞下管人

周深州判官

永樂年

吳杰下管人刑部主事有傳　　楊銈

吳禮上管人撫州通判　　吳坦

吳愈寶府推官　　吳陳沅陵知縣

姚永識後田人蘇州府衛經歷　　姚永黯後田人

姚永增後田人　吳秉初商河知縣

龔洪賢良人　姚克平後田人山西行都司經歷

姚茂誠　姚永勳後田人

李存欽後田人建平訓導　吳長壽池州府通判

吳子深上管人香河知縣　吳子興上管人商陽府推官

吳象上管人

宣德年

周文迎　謝智清後田人臨安知縣

葉慧清　楊志高

朱　寧汀州府訓導

賴景行中漈人經歷

正統年

劉存壽

鮑　琦西隅人零陵知縣

林　敏北坑人

林　澧北坑人曲阜知縣

葉　盛柿兒葉人經歷

楊　誠主簿

景泰年

姚道澄敘州府通判

姚公器池州府檢校

吳　璵上雪人

葉道隆東隅人

天順年

夏大進　吳輔孝豐訓導

葉興北門人　李朗西隅人鄱陽知縣

成化年

吳汝楨　周宗林九都遂塘人汀州知縣

夏道保　陳洪

楊善主簿　吳潭下管人中宏治乙卯科舉人

吳盛　葉惟智東隅人

周鳳岐　吳洪撫州府經歷

陳茂高明教諭　李海西隅人

宏治年

吳文 上海縣丞有傳　吳紀 上晉人恩選瑞金知縣

吳若 上晉人延平經歷　陳道惠 下晉人恩選考授縣丞

葉泰 閩縣主簿　吳鎔 上晉人

葉儒 西隅人　吳贊 杭橋大連城知縣有傳

劉育　周鐸 鄭西知縣

吳節 西隅人新建縣丞有傳　吳珣 底墅人莆田縣丞

正德年

吳燮 上晉人東平州訓導　吳克禮 西隅人有傳

周鎮江南布政司經歷　吳倍王者村人

葉潛　季茂西隅人沙縣縣丞

吳烈貴州新添衛經歷

嘉靖年

吳壽浦城訓導　周瑛南城訓導

葉文彬北門人盱眙主簿　周塤漳平教諭

吳禋杭橋人宿州同知有傳　吳宇下管人將樂知縣有傳

吳伯齡西隅人汀州通判有傳　陳裕黃梅訓導

金廷遇後田人　吳輜修仁知縣

葉　廉　　葉　寵廣西按察司經歷

夏　樾山根人北流知縣　　吳大豪西隅人建昌知縣

吳　安下管人武進縣丞　　吳繼翔建昌主簿

葉　春高州府通判　　吳伯儒西隅人昌化知縣

周　杲東鄉教諭　　葉文溥北門人崇府典儀徐州州判

陳　璋下管人　　葉　相北門人分儀訓導

周　輅周墩人鈞州同知有傳　　周　相周墩人

陳　祚下管人台州府教諭

隆慶年

姚文銓後田人　吳　比

周期科南隅人恩選　吳　述下管人無錫縣丞有傳

吳　蓋杭橋人光祿署丞

萬曆年

葉孔舒後田人元年恩選　葉沾雨北門人

吳　淵杭橋人　吳文瀚底墅人縣丞陞儀徵知縣

吳子直上管人　季良璣西隅人

姚文溫後田人中壬午科舉人改名文焆

葉建祥東隅人恩選尤溪知縣有傳　吳文淑上管人延平府訓導

吳文源底塘人豐城知縣　姚文瀾後田人永嘉訓導
葉應惠東陽人　季叔明西隅人無錫縣丞有傳
吳世勳西隅人恩選廉州府通判　姚文汀後田人
吳慶會上管人恩選漢陽知縣有傳　周時佐周墩人永豐教諭
周一桂周墩人武義訓導　胡　泮官塘人恩選高要訓導
周　宣西隅人於潛訓導　吳廷叙淤上人常山訓導
吳　溢上管人仙居教諭　吳敦倫下管人玉山教諭
葉一陽　陳益國東隅人平陽訓導
吳　芥東隅人湖口教諭　葉應選東隅人建寧府衛經歷

葉　補後田人茶陵州州判

泰昌年

姚允元　上倉人恩選梓潼縣知縣

天啟年

吳光第　西隅人恩選安福縣丞　　吳國紳　上管人京選訓導

葉咸章　後田人尤溪縣丞　　周班祿　西隅人程鄉主簿

季時芳　西隅人湖廣岳州衛經歷

崇正年

吳其昌　杭橋人恩選光澤縣丞　　葉應遇　二年選拔貢

姚汝嘉後田人撫州府訓導　葉廷神東隅人

吳尙薦東隅人太平訓導　吳延年西隅人興化訓導

吳一鸞下菅人　吳希黙上菅人惠來知縣

吳　淑西隅人　吳行可西隅人建陽訓導

吳高捷東隅人十六年貢　葉初生北門人河南巡檢

國朝

順治年

吳鳳翔西隅人恩選新寧州知州有傳　吳自明下菅人紹興府教授

吳逢昌杭橋人歸善知縣有傳　葉馨然東隅人八年恩選岳陽知縣

吳貞明下晉人吉安永豐縣丞　葉上選後田人恩貢中順天丁酉舉人

王錫倖竹口人仙居訓導　吳王簪下晉人樂清訓導有傳

蔡時秀恩選滕縣知縣　吳世臣下晉人桐廬訓導

吳麗明下晉人考授訓導　葉廣奎北門人

康熙年

季時英西隅人恩選　陳箴下晉人授訓導

葉馥然東隅人樂清訓導　吳美中西隅人授訓導

吳之騏上晉人考授訓導　吳于泰上晉人

吳運光下晉人壬子浙江中式副榜　吳玉賓下晉人

周亹明 埜宅人十三年貢
季　灯 西隅人
葉喬林 上葉人戊午貢召考訓導
葉慶松 北門人
葉藹然 東隅人三十三年拔貢
胡嘉孝 左溪人辛未貢
季時亨 字國昌黃壇人
吳　冲 下管人
葉廷升 恩選
吳于昊
吳　瑍 竹口人恩貢考授州判
吳　鎬 下管人拔貢
吳　鏐 下管人拔貢
吳　柟 下管人孝豐教諭
吳若儀
葉　珪 後田人
鮑知我 西隅人
吳守一 楊家莊人

余勳後田人　季玗西隅人蘭溪訓導有傳

吳孚中慈溪訓導　葉夙馨

吳鏜下管人　王時起東隅人

王之漣竹口人　吳廷鏘

吳王春上眘人　吳秉鐔楊家莊人

吳珩竹口人五十七年貢　吳令杲上眘人

葉以潾北門人　周大訓埜塘人拔貢

吳如恒　葉藻

周寧

雍正年

吳元琯下晉人拔貢　吳名正下晉人

吳令德上晉人　吳爔下晉人

陳于疇下晉人　余椂後田人

乾隆年

姚必觀乙卯拔貢原任畢節縣知縣著有紫瀾文稿寸莛編詩集

季學洙西隅人丙辰恩貢　季期敏西隅人丙辰貢

余槐後田人戊午貢有傳　姚大霦後田人庚申貢壽昌訓導

周之冕後田人辛酉貢有傳　吳得訓竹口人辛酉拔貢選直隸州判

吳之煥 廊下人壬戌府學貢
吳霦 下菅人甲子貢
余浤 後田人丙寅貢有傳
季鍾雋 酉隅人戊辰貢官寧海訓導有傳
周宗濂 埜宅人庚午□恩貢
周德望 周墩人□
吳沆 下菅人壬申恩貢
吳又朏 杭橋人壬申貢授會稽訓導不仕
姚繼亮 後田人甲戌貢
葉永昂 賢良人丙子貢
吳世名 上菅人戊寅貢
姚梁 後田人己卯優貢乙酉順天經魁己丑進士歷官內閣中書禮部主事刑部員外廣西陝西道考山東學政饒州知府川東兵備道
余江 酉廣西按察司辛酉河間府知府
姚居厚 上倉人庚辰貢有傳
吳三錫 上菅人壬午恩貢
吳夢麟 後田人壬午貢

姚必彪後田人甲申貢
姚　宋乙酉拔貢覺羅宗學教習秦順教諭
余　漳後田人丙戌貢考授訓導
余　鎔後田人戊子貢
季　炳黄壇人廩貢任西安訓導
姚垂敏上倉人庚寅貢
吴　爔下晉人壬辰恩貢
季天魁西隅人壬辰貢
吴元棟後田人甲午貢
葉　英後田人丙申貢
姚　濬後田人丁酉拔貢四庫館議叙分發江西候補布政司理問建昌撫州吉安通判
楊樹朝竹口人戊戌貢
余應耀後田人庚子恩貢
吴于漣西隅人庚子貢
姚　黄後田人壬寅貢
田聯潤竹口人甲辰貢
周宗滋埜宅人

季　蒼酉隅人丙午恩貢　吳炳學杭橋人丙午貢

王紹曾後田人戊申貢　姚濮楫後田人己酉拔貢

吳象豐上管人庚戌恩貢　范連相後田人庚戌貢

姚　燕後田人壬子貢　葉向榮桃坑人甲寅貢

嘉慶年

吳公選水門人元年丙辰恩貢道光五年奉部選授分水訓導

姚　琴後田人丙辰貢　吳國華底墅人戊午恩貢

周翰才上庄人戊午貢　吳先經上管人庚申貢

余　塏後田人壬戌貢道光十一年奉部選會稽訓導

陳紹虞蔡川人甲子貢　周原東隅人丙寅貢
范連盛大岩人戊辰貢　田聯治竹口人庚午恩貢
陳啟治蔡川人　姚滄枏後田人庚午恩貢
范邦槐大岩人庚午貢　余鈞後田人庚午郡貢
楊思震八都人壬申貢　姚潤梧後田人癸酉拔貢
吳登瀛西隅人甲戌貢　吳一桂西隅人丙子貢
周大成後田人戊寅貢　柳光原高崇坑人庚辰恩貢
季應坊黃壇人庚辰貢
道光年

劉一魁合湖人壬午恩貢　葉之茂東隅人壬午貢

余銑後田人甲申恩貢候授州判　季照西隅人甲申貢

姚鈞培東隅人乙酉拔貢現補國子監肄業

田嘉脩竹口人丙戌貢　周公佑上游人戊子貢

季應壋黄壇人庚寅貢

例貢監生援例附

明經之後有例貢其原蓋出于漢如崔烈者無論已若張釋之黄霸其始納粟助邊其後治績昭著爲漢名卿安得以貲進而少之

明

吳克義西隅人　周奎

葉秀後田人　吳怡西隅人無爲州吏目加捐州同

周堂　吳叔原西隅人山陽縣主簿

吳叔京西隅人　吳儒下営人鴻臚寺序班有傳

吳穆西隅人按察司經歷　吳承宣西隅人

葉芳嘉長盧鹽運司經歷　葉銘後田人雲南都司正斷事

吳俸下營人廣東瓊州府通判有傳　吳承教上營人廣東按察司知事

吳伸下營人陝西苑馬寺開城監正　葉自立後田人天津右衛經歷

葉養洪西隅人將樂主簿　吳承亮上倉人太倉州吏目
吳應求下管人　吳言儒西隅人壽州衛經歷
周　徹周墩人大寧都司經歷　吳逢魁杭橋人
吳　化下管人　葉三陽
吳之曉杭橋人　葉自嘉後田人
吳　絢杭橋人鴻臚寺序班　姚夢熊後田人
吳南明下管人黃岡縣丞有傳　吳晉明下管人
吳鳳起西隅人順昌縣丞　葉春盛後田人遂州吏目
葉自超後田人　葉春舒後田人懷仁典史

吳之麟下胥人　葉斐然東隅人

周京典周墩人　姚振先東隅人

吳榮烈底墅人　吳文泮底墅人

國朝

季煒西隅人南寧府照磨有傳　姚必勝後田人附貢

姚鐸後田人瑞安教諭隨征閩臺以軍功擢瑞金知縣

王朝燦根竹山人　季焕黃壇人附貢

季燻黃壇人附貢　姚洙後田人附貢

姚涵後田人　姚脩東隅人監貢

張秀挺東隅人廩貢　季應拔東隅人附貢

姚　鸞東隅人由增生議敘州判　姚崇恩後田人授甘肅河州分州

國朝

監生

吳銓臣考授州同　葉時郎

吳若儼　姚　軾後田人考授州同

季鍾聲西隅人附監　吳　敘

吳松年下管人　季錞聲西隅人附監

姚　轍後田人考授州同　何金鼎張地人考授縣丞

吳恩源陳村人考授州同
吳澄源陳村人考授州同
何玉瑞張地人附監
吳名英下管人考授縣丞
吳煥祖黄坑人考授縣丞
吳新銓竹口人
周廷顯仙庄人考授縣丞
吳繼昌西隅人
吳　臻竹口人附監
吳德唐下管人附監
楊　鰲
吳安衆上管人附監
陳廷獻廣泥盪人附監
姚汝霖後田人考授縣丞
姚廷芬後田人考授縣丞
何金釁張地人附監
姚承恩後田人例授州同捐輸社義穀壹千石例加一級又加捐隨帶壹級

援例

明

吴邦度　吴叔定西隅人主簿

吴　驟上胥人修武縣丞　練　閑

吴　堂　周德澤

姚　佩　吴舟和鎮江衛知事

吴廷拱上胥人池州知事　吴文潤底墅人福州鎮東衛經歷

葉世傳　姚守謙

姚啟善後田人寧鄉主簿　姚啟謨上倉人

葉廷穫　　李時林

張孔亞　　吳思謨上管人吉安典史

葉[illegible]忠東鄉縣丞　　吳思謙上管人鎮江府照磨

姚大齡後田人靖江縣丞　　吳起英下管人瞿塘衛參軍

吳登名西隅人昕明府經歷　　倪養謙洋艮人城都府護軍經歷

楊應元八都人縣丞　　吳起鳳下管人肇慶府照磨

吳思讓　　姚守善上倉人經歷

葉初華　　吳澳

吳思訓　　葉春奇

姚國瑚上倉人鎮江衛經歷　葉成章後田人
葉常秀水門外人照磨　吴登朝
葉長芳水門人　葉自章後田人
葉自舉後田人授同官典史　周良銘西隅人典史
周　郁周墩人徐州衛經歷　陳拱賜東隅人
吴衍慶上管人湖廣光化典史　周　郭周墩人陝西行都司經歷
吴逢熙杭橋人　葉春茂後田人大理衛經歷
趙應宣西隅人　吴登嘉西隅人
周時惠周墩人　吴承明西隅人

葉春光後田人湘陰縣丞

葉春葵後田人晉安衛經歷

吳鼎鉅下晉人從化縣巡司

姚運泰後田人

吳邦允杭橋人

葉常脩水門外人

姚一麟上倉人授經歷

吳泰階西隅人潼關經歷

吳晉俟下晉人

葉春美後田人鄜州吏目陞太原衛經歷

葉應璐西隅人河南唐府經歷

吳宏江西隅人溫州府倉大使

周言揚西隅人

吳道嵩後街人

鮑顯奇上滌人

周攀龍後田人

姚家棟後田人南雄保昌縣丞

吳榮先下晉人

周調鼎　　劉大用周墩人

吳仲春底墅人歸化巡檢　　吳得壽西隅人主簿

國朝

吳懋莊上晉人海豐典史　　吳一椿底墅人

吳上桂底墅人　　趙文泮

姚玉珣上倉人　　陳孝先上倉人

潘世珍　　吳顯爵後田人

季學鼎　　葉國鎮後田人

姚又虞上倉人　　許景源北門人

周宗紳埜宅　吳啟燦江根人

周承烈上倉人　葉祖蔭後田人

洸　起上洸人　吳起元後田人

武職

聽鼓鼙而思將帥之臣歌大風而懷猛士之守豈

不以赳赳武夫爲有國干城之寄哉人生在世旣

不能遊心藝苑亦當奮志疆場如能榮親蔭後卽

謂之無負此生也可

元

葉國英　北門人義兵萬戶有傳　　姚　桂　處州管守禦萬戶

葉德善　北門人處州禦千戶　　姚　坤　平陽禦中所千戶

葉德新　義兵萬戶　　姚彥安　義兵千戶有傳

姚　埌　陽和衛副千戶　　吳　求　上管人本府本禦鎮撫

吳繼延　西隅人指揮　　吳公轍　上管人指揮

明

楊　呂　竹口人撫按千總　　周仲章　蓬塘人處州千總

國朝

吳之琮　上管人建寧守備未任卒

李　茂　處協標下千總駐防本縣　　吳爾賓　參將鎮守陝西陽平關

吳陳仁陳村人延平副將　吳握瑜陳村人汀州守備

吳詔功有傳　葉伏祖北門人衢州都司

吳壽男上管人有傳　吳新明後田人義兵附貢守常山

吳肅常陳村人處鎮標下外委駐本縣　吳文鑑西隅人義兵千戶陣亡

吳三梲西隅人常山遊擊　吳千壽西隅人劄付同知

王殿桂竹口人興化守備　王奇郎上源人汀州守備

季國齊黄壇人蒲城千總　吳　芬上管人巳卯舉人現任嚴州把總

吳廷標西隅人襲恩騎世職現任嚴州千總尋補守備

貤封

宋

吳崇煦以子穀贈大理寺評事

吳　殼以子桓贈丞事郎

吳彥持以子孝友贈丞事郎

吳　巍以子兢贈左朝議大夫

吳世雄以子淇贈廸功郎

吳　詢以子巳之贈承事郎

吳彥常以子季賢敘贈成忠郎

明

姚　湙以子珙贈文林郎

周大澄以子鎮封河南布政經歷

吳　在以子紀贈文林郎

夏　遠以子樾封南京留守司經歷

吳志伊以子行可贈脩職郎

葉　珠以子自立贈徵仕郎

吳蔡堯以子希點贈文林郎

國朝

姚　軾以曾孫梁贈通議大夫江西按察使司按察使

姚大霦以孫梁誥贈通議大夫江西按察使司按察使內閣中書

姚必時以子梁誥贈通議大夫江西按察使司按察使

季上機以子炳贈脩職左郎

恩蔭

宋

吳世美以父昇授相仕郎

吳孝立以父翊蔭歷官海鹽縣事

吳彥舉以舅季承授盧城尉

吳　蒙以外祖奉奏補將仕郎

明

姚　桂襲父彥安蔭授千戶

濮員貞襲父得新蔭授萬戶

國朝

吳顯宗以父詔功殉難蔭衛千總

吳嬰捷以父壽男殉難蔭衛千總

吳鳴豫以祖詔功蔭授千總

吳何廩以祖壽男襲恩騎尉

吳豐榮以祖詔功蔭授千總

吳履祥以祖壽男襲恩騎尉

吳廷標以祖壽男襲恩騎尉

耆介

鄉飲之禮自古有之即淛中諸郡邑亦多舉行
慶雖僻處山陬代不乏人官斯土者既以禮教
爲急亦當列以風世但舊志散失無從徵信今
就其有可考者核而載之俾爲善者知自勵云

國朝

康熙年

吳汝康西隅人言正行方　吳溫玉上管人典型夙推一鄉善士

吳榮好二都人　吳榮本三堆人

吳榮德漈下人　吳成亮車根人

葉應亮染庚坑人　吳世有車根人

周永春池湖人　葉日龍賢良人

葉日明賢良人　吳一椿底墅人

吳自選底墅人　吳元吉底墅人介賓

葉發標東隅人　吳元奎底墅人

葉喬秀東隅人介　吳世哲後田人介賓有傳

王繼滔竹口人　　王繼沂竹口人

吳元徵竹口人　　田文孟竹口人介賓

雍正年

葉伯楠賢良人　　葉華吉賢良人

葉一舉賢良人　　周來鳳後田人

周良翰後田人介賓　　周有尚後田人

乾隆年

吳維翰城內人　　吳王眷上管人介賓碩德望重

吳上位底墅人監賓　　吳金發杭橋人

吳象九上晉人德著鄉鄰　吳玉桂上晉人

季學康西隅人介賓有傳　吳廷舉西隅人

周大陵埜宅人　練國紀楊橋人

練國化楊橋人　姚詢東隅人忠厚傳家

季上璧黃壇人介賓慷慨好施樂善不倦歲饑首倡排難鄉里德之

吳象豫上晉人薰錦耆英五代同堂知縣以齒德兼優表之

吳居洲下晉人醇厚足式　吳星海黃皮人

葉世亮賢良人持身謹厚　吳肅容陳村人端凝持己

姚伯耀五溪下人樂善好義　范義蓋大岩人德懋鄉鄰日見五世

李天倫西關人
吳運六底墅人忠厚傳家
黃尙賢荷地人謹慎可嘉
胡熹能左溪人
楊承詔八都人
楊奕光八都人品行端方
葉鈍北門人
葉儼北門人見孝友
吳海上管人
吳顯上管人
吳佛匡上管人
葉輔北門人
葉九成北門人介賓
吳道成上管人
葉□珠北門人
吳守逵上管人
胡懷鵬左溪人
葉倘北門人

吳邦慶高任人　葉永豹北門人

張世韡二都黃沙人　吳自廳高任人

張維康二都黃沙人　胡文秀左溪人

葉尚海北門人　練明嘉楊橋人

葉尚時北門人　胡自品左溪人

練繼恩楊橋人　葉永化北門人

練繼俸楊橋人　練繼佐楊橋人

沈思任上沈人　吳承玘二都人

吳榮義底墅人　吳文海底墅人

吳文溢底墅人　吳文煥底墅人
劉增憐岩坑人　姚文宇後田人介賓
吳抱初大濟人介賓　吳廷運下管人
劉士棠蛤湖人　吳亮弟蓀下人
吳自賢底墅人介賓　姚元舉後田人
吳廷殿下管人介賓　吳自鼎底墅人
姚新佾後田人　練明鐘楊橋人
葉　琥洋邑人例貢　吳　巖上管人碩德耆英
葉佛俊洋邑人捐授縣丞　葉崇安洋邑人州同

葉邦達東陽人望重鄉評　葉宗元賢良人

吳南伯上管人　姚文經東陽人言寔行樸

葉光厚賢良人　吳光暉黃壇人誠寔率真

姚純熙東陽人性端行樸　吳懷煥城內人謹言愼行

姚廷恩花門人誠實無僞　吳其玉黃皮人介賓

楊何獻八都人介賓樂善好施惠周桑梓知縣鄧觀以惟善是寶獎之

吳玉鏡五都人碩德耆英　邵文元品行端方知縣譚以望重鄉評旌之

吳繼賢竹口人淳直溫厚　蔡朝璠朱塢人淳謹撫式

吳先權上管人介賓一鄉矜式　吳先甲上管人孝行克端

吳可球後雅人一鄉善士　李遇棵姚村人長厚足式

楊思程八都人溫厚和平　余天寶東關人天性率真

楊思伊八都人忠厚正直　蔡朝柱白渡關人介賓品行端方

林世俟竹口人　蔡見龍朱塢人

許　豪竹口人　蔡伸龍朱塢人誠寔渾厚

何楊奶張地人　許汝明竹口人樂善不倦

練學廷後田人介賓品行端方　蔡旭祥上淤人洛社耆英

胡芝郁竹平人　葉廷輝五都人

張明頤黃沙人德壽齊輝　何國光張地人謹厚堪稱

張恪忠二都人介賓品行端方　周廷邵城內人閭閈矜式

葉里榮岩下人德壽並隆　葉廷彥五都人

吳廷清蔣坑人渾厚和平　吳念祖上管人守正敦倫年高德邵

吳清佐上管人言謹行篤　范邦仰大岩人德孝兼隆

吳繼孔竹口人　吳天忠上管人和睦鄉隣

吳理治上管人品行端方　甘永慶半路村人善良堪嘉

吳權英底墅人溫厚和平　張朝裕黃沙人古道照人

吳運鯉底墅人士林矜式　周玉山上庄人耆德可矜

何遠珍張墩人謹厚自愛　許[illegible]拔竹口人謹厚和平

葉增芳 葉湖人介賓

沈孟棟 深隝人品行端方樂主以可以徵仁表之

胡道孟 左溪人賓筵雅望

范連通 大岩人齒列虞庠

葉其蓁 上淤人名重鄉里

范邦卿 大岩人質直可風

張式勝 黃沙人目見五代

蔡朝梧 下塢人

何金穀 張地人

蔡朝松 下塢人

吳長遠 山后坑人誠實可風

田　穗 竹口人

許廷星 山溪人

胡運瑲 竹坪人

吳日辛 西川人

吳光輝 二都人忠厚可風

葉光元 洋艮人

吳望烈 下菅人

何國馨　吳　祥黃塅人

胡　珍呂源湖人　胡道容左溪人碩德耆英

老人附

覃恩奉部文准給頂帶附錄如左

嘉慶元年

吳邦勳字林孫有傳　眞偉鑑西隅人

季天倫見耆介　姚新國後田人

沈佁維九滌人　沈鼎浩九滌人

沈鼎昆九滌人　沈珏生知縣欒韶以耆德延年美之

楊永枝一都人　朱林榮嶺根人